AF603372

ALBUM DRAMATIQUE.

Recueil de Pièces Nouvelles jouées sur tous les Théâtres de Paris.

THÉATRE DES FOLIES-DRAMATIQUES.

LA FOIRE AUX PLAISIRS

REVUE DE 1854, EN TROIS ACTES ET CINQ TABLEAUX,

DE MM. CORMON ET GRANGÉ.

PRIX : 30 CENTIMES.

Paris.

Au Magasin des Pièces de Théâtres anciennes et nouvelles,

CHEZ MIFLIEZ, LIBRAIRE-ÉDITEUR, PASSAGE VENDOME, 19.

TRESSE, successeur de BARBA. Palais-Royal, galerie de Chartres, 2 et 3.

1855.

LA FOIRE AUX PLAISIRS

REVUE DE 1854, EN 3 ACTES ET 5 TABLEAUX,

DE MM. CORMON ET GRANGÉ,

Représentée, pour la première fois, à Paris, sur le théâtre des Folies-Dramatiques,
le 6 Janvier 1855.

PERSONNAGES.

Personnages	Acteurs
Gobemouche	MM. Formose.
Le Père Marengo, invalide	Belmont.
Belphegor	
Un Assureur	Coutard.
Un Quidam	
Édouard (de la Conscience)	
Crétin	Arnold.
Un Professeur de chausson	Christian.
Flaminio	
La Critique	Jeault.
Un professeur de bâton	Manuel.
Badigeon	Blondelet.
Le Temps	Halscre.
Un Dandy	Dupré.
Premier Ouvrier	Stévenard.
Deuxième Ouvrier	Blanquin.
Mme Gobemouche	Mmes Sophie.
Bissextile	Roussel.
Paris-Canaille	
La Louange	Cénau.
La Biographie	

Personnages	Acteurs
L'Exposition	Mmes S. Bérout.
Titi	
Rosemonde	
La Revue	Coutard.
L'Année 1854	Eugénie.
Paris-Domestique	Ferranti.
La Foire-aux-Plaisirs	
Paris-Portière	Colbrun.
Paris-Masqué	Antonia.
Paris-Grisette	Régine.
Paris-Etudiant	Blondelet.
La Reine (du Muletier de Tolède)	Philippe.
La Nonne Sanglante	Leroy.
Le Dîner de l'Exposition	Personnages muets.
Le Journal de l'Exposition	
La Rue de l'Exposition	
Les Amours maudits	
Le Cabaret du Pot-Cassé	
L'Etoile du Nord	
Schamyl	
Madame de Maintenon	
Louvois	

Passants. — Promeneurs. — Gardes. — Années, etc.

ACTE PREMIER.

PREMIER TABLEAU.

Une Cave.

SCÈNE PREMIÈRE.

UN INVALIDE, GOBEMOUCHE, MADAME GOBEMOUCHE.

(Ils sont tous deux chargés de paquets et d'objets de voyage. Madame Gobemouche tient à la main une cage dans laquelle est un serin.)

L'INVALIDE, entrant le premier avec un rat de cave allumé. Par ici, Monsieur, Madame.... Là !... sautez le pas.

GOBEMOUCHE, entrant. Comment, que je saute ?... Ah ! oui !.. (A sa femme.) Saute le pas, bobonne !

MADAME GOBEMOUCHE. Ah ! ça, où nous conduisez-vous ?

L'INVALIDE. Est-ce que vous ne m'avez pas demandé l'hôtel de l'Univers ?

GOBEMOUCHE. Précisément. Venant à Paris pour la première fois, nous étions un peu embarrassés... ahuris...

MADAME GOBEMOUCHE. Je crois bien.... la nuit, au milieu des passants.. , des voitures... des constructions, des démolitions... il y a de quoi perdre la tête.

GOBEMOUCHE. Heureusement, je vous aperçois assis sur une pierre de taille... fumant près d'un lampion...

MADAME GOBEMOUCHE. Qui fumait aussi.

L'INVALIDE. Oui, c'est moi que je suis le gardien des bâtisses... Marengo, un vieux de la vieille...

GOBEMOUCHE. Votre figure respectable me suggère la hardiesse de vous offrir la goutte pour nous conduire.

L'INVALIDE. J'accepte la subvention...

Mme GOBEMOUCHE. Et nous vous suivons..

GOBEMOUCHE. Impatients d'arriver à cet hôtel dont les journaux disent tant de merveilles.

L'INVALIDE. Ah! oui... vous avez lu les annonces, les prospectus?

GOBEMOUCHE. C'est même ce qui nous a décidés, Mme Gobemouche, son serin et moi, à faire le voyage; car nous sommes tous trois de Lons-le-Saulnier... département du Jura.

Mme GOBEMOUCHE. Et ce n'est pas sans peine que vous avez consenti à vous mettre en route. Voilà dix ans que vous vous faites tirer l'oreille.

GOBEMOUCHE. J'attendais l'ouverture du chemin de fer...

Mme GOBEMOUCHE. Puis, un nouvel embranchement.

GOBEMOUCHE. Et puis qu'il y eût deux voies..

Mme GOBEMOUCHE. Vous auriez dû n'écouter que la mienne.

GOBEMOUCHE. D'ailleurs, j'étais indisposé... Fifi lui-même était en mue. Enfin, j'ai dit à Bobonne: puisque tu le veux, fais tes malles prends des gilets de flanelle pour ton serin, du chenevis pour moi et partons; nous descendrons à l'hôtel de l'Univers.

L'INVALIDE. Un crâne hôtel! genre américain, chic anglais!

GOBEMOUCHE. Comme ça me va! j'adore mes aises, le comfortable!...

L'INVALIDE. Un hôtel bâti tout exprès pour l'exposition, rue de Rivoli, à côté du Palais-Royal, à côté du Louvre, à côté des Tuileries... un quart de lieue de tour... Trois mille chambres... sans compter les cabinets.

GOBEMOUCHE. Ah! il y a aussi des cabinets?

L'INVALIDE. Cabinets de toilette, cabinets de bains, cabinets de lecture, cabinets de société, enfin tous les cabinets possibles.

Mme GOBEMOUCHE. Bigre!

GOBEMOUCHE. Mais quand ça sera plein, il faudra diablement de domestiques pour servir tant de monde.

L'INVALIDE. Eh! non... rien ne sera plus facile avec la machine à vapeur...

GOBEMOUCHE. Ah! il y a une machine à vapeur?

L'INVALIDE. Certainement... une machine à vapeur pour faire la cuisine, frotter les appartements, blanchir le linge, cirer les bottes, étriller les chevaux et raser les voyageurs.

GOBEMOUCHE. Ah! bah! les voyageurs seront rasés?

L'INVALIDE. A la vapeur, bourgeois, à la vapeur!

GOBEMOUCHE. Hein! bobonne, quel progrès!

AIR: Du verre.

A la vapeur être rasé!...
Quel agrément! quel avantage!
Jadis on était exposé
A tant d'embarras en voyage!

L'INVALIDE.

Tous les hôtels, mêm' les meilleurs,
A Paris, à Bordeaux, à Tarbe,
Ne f'saient la queue aux voyageurs,
Celui-ci leur fera la barbe.

ENSEMBLE.

On f'sait la queue aux voyageurs,
Maintenant on leur fait la barbe.

GOBEMOUCHE. C'est charmant!

Mme GOBEMOUCHE. C'est admirable!...

GOBEMOUCHE. Croyez-vous que nous trouvions de la place?

L'INVALIDE. Oh! pour ça, oui.

Mme GOBEMOUCHE. Il n'y a donc pas beaucoup de voyageurs?

L'INVALIDE. Vous êtes les premiers.

GOBEMOUCHE ET Mme GOBEMOUCHE. Les premiers!

L'INVALIDE. Vous avez l'honneur d'inaugurer l'établissement.

GOBEMOUCHE. Nous aurions cet honneur?

L'INVALIDE. C'est vous qui essuyez les plâtres...

GOBEMOUCHE. Ah!.. mais pardon... pardon... c'est très mal sain!

Mme GOBEMOUCHE. Et les rhumatismes donc!

L'INVALIDE. Oh! ne craignez rien... toutes les salles de l'hôtel sont bâties au salpêtre.

GOBEMOUCHE, rassuré. Ah! c'est que sans le salpêtre, j'aurais envoyé les *sal's paitre*.

Mme GOBEMOUCHE. Ah! ça, mais il fait *frisquet* ici... Voyons, mon brave, conduisez-nous vite.

L'INVALIDE. Que je vous conduise? .. où çà?

GOBEMOUCHE. Parbleu!... à l'hôtel de l'Univers.

L'INVALIDE. Mais, vous y êtes.

GOBEMOUCHE, Comment?

L'INVALIDE. Vous êtes dedans.

Mme GOBEMOUCHE. Nous sommes dedans?

L'INVALIDE. Dans le seul appartement disponible pour le quart-d'heure.

GOBEMOUCHE. Ça! un appartement?

L'INVALIDE. Fraîchement décoré.

GOBEMOUCHE, éternuant. Atchi!... je m'en aperçois...

Mme GOBEMOUCHE. Permettez... permettez... donnez-moi donc un peu votre rat... Mais votre appartement, c'est une cave!

GOBEMOUCHE. Une simple cave!

L'INVALIDE. Il n'y a encore que ça de construit. On est en train d'entamer le rez-de-chaussée, et en attendant, on loge les voyageurs..

GOBEMOUCHE. A la cave!... Me prend-on pour une futaille?

Mme GOBEMOUCHE. Et moi pour un muid?

GOBEMOUCHE. Que diable!... les caves sont faites pour mettre du vin.

L'INVALIDE. Oh! bourgeois, c't'année, il n'y a pas de vin. Le Côte-Rôti a gelé, le Tonnerre a brûlé, le Coulanges a coulé...

GOBEMOUCHE. Et le Moulin-à-Vent a tourné ! C'est vrai, il a raison.

Mme GOBEMOUCHE. Et un lit? Je ne vois pas de lit?

GOBEMOUCHE. Au fait, où est donc le lit ?

L'INVALIDE. A côté, dans la cave au bois.

GOBEMOUCHE. Ah ! très bien... Le lit est dans la cave au bois... au bois de lit.

Mme GOBEMOUCHE. Dans la cave au bois... Et c'est dans un lieu pareil que vous nous logez!...

GOBEMOUCHE. Vétéran, c'est abuser de notre confiance.

L'INVALIDE. Dam... vous me demandez l'hôtel de l'Univers, je vous fournis ce qu'il y en a. Arrangez-vous !

Mme GOBEMOUCHE. Ah ! c'est trop fort !...

L'INVALIDE. Bah !... à la guerre comme à la guerre !... Une mauvaise nuit est bientôt passée.

GOBEMOUCHE. Par exemple !... Je vous trouve charmant avec vos proverbes !

L'INVALIDE. Bonsoir !... je retourne à mon poste !...

GOBEMOUCHE. Un instant !

Mme GOBEMOUCHE. Permettez !

L'INVALIDE. Dormez bien ! je vais boire à votre santé.

GOBEMOUCHE et Mme GOBEMOUCHE suivant jusqu'à la porte l'invalide qui sort.

AIR : De Vingt francs.

Abuser d'not'candeur,
Vraiment c'est une horreur
De la part d'un vieux brave!
Être ainsi mis en cave,
C'est une indignité !
C'est une atrocité !

SCÈNE II.

GOBEMOUCHE, Mme GOBEMOUCHE.

GOBEMOUCHE. Et je lui ai payé la goutte !... (Courant à la porte.) Eh!... manchot!... invalide ! Ah ! bien oui !... il ne m'écoute pas.

Mme GOBEMOUCHE. Nous voilà gentils !

GOBEMOUCHE. Allons, bobonne, allons, quand tu te désoleras... un peu de philosophie.

Mme GOBEMOUCHE. Passer la nuit dans une cave ! c'est votre faute !... vous avez voulu descendre à l'hôtel de l'Univers.

GOBEMOUCHE. Que veux-tu ?... je suis pour tout ce qui est nouveau.

Mme GOBEMOUCHE. Comme c'est gai !

GOBEMOUCHE. D'ailleurs, il est trop tard maintenant pour chercher un autre gîte. Pensons plutôt au plaisir qui nous attend demain.

Mme GOBEMOUCHE. Ah ! certes, il ne faut rien moins que cette perspective pour me faire avaler toutes nos traverses.

GOBEMOUCHE. As-tu vu, au débarcadère, cette grande affiche qui nous tirait l'œil ?

Mme GOBEMOUCHE. L'affiche de la Foire aux Plaisirs.

GOBEMOUCHE. C'est là que nous allons nous en donner !

AIR : Des Fraises.

Ah ! que de plaisirs, que de plaisirs,
A cette fête,
Selon nos désirs,
Demain charmeront nos loisirs !
L'affiche avertit,
Et dit
Que par-dessus la tête,
Du matin au soir,
Pour cinq francs on doit en avoir.

ENSEMBLE.

Ah ! que de plaisirs, que de plaisirs,
A cette fête,
Ah ! que de plaisirs
Nous promet la Foire aux Plaisirs !

Mme GOBEMOUCHE.

Tours de gobelet,
Jeu de palet,
De balançoire.

GOBEMOUCHE.

Tir au pistolet,
Course en sac et course au filet.

Mme GOBEMOUCHE.

Prom'nade en batelet,
D'la bierr', du lait,
Pour qui veut boire.

GOBEMOUCHE.

Spectacle, ballet,
Où l'on verra plus d'un mollet.

Mme GOBEMOUCHE.

Un concerto de flageolet.

GOBEMOUCHE.

Des romanc's par Monsieur Blond'let.

GOBEMOUCHE. Des romanc's par monsieur Blond'let. (Parlé.) Ah!... ah !... M. Blondelet!.. quelle bonne boule il doit avoir ce gaillard-là !

Mme GOBEMOUCHE. J'en ris d'avance !

ENSEMBLE.

Ah ! que de plaisirs, que de plaisirs,
A cette fête ;
Ah ! que de plaisirs,
Nous promet la foire aux plaisirs.

GOBEMOUCHE.

(Deuxième couplet.)

Et la tombola !
Ah ! c'est cela
Qui m'affriole !
Une tombola,
Où c'est un âu' que l'on gagn'ra.
Ah ! si mon billet
Gagnait
L' baudet,
Quell' gloriole,
A Lons-le-Saulnier,
De revenir sur mon coursier !

Mme GOBEMOUCHE.

Oui, la bête sur l'animal,
Ça s'rait l'entrée en Portugal.

GOBEMOUCHE, parlé. Ah ! ah! ah !... farceuse de bobonne, va !

ENSEMBLE.

Ah ! que de plaisirs, que de plaisirs,
A cette fête,
Ah ! que de plaisirs
Nous promet la foire aux plaisirs !
Ah !...

Mme GOBEMOUCHE. Mais avec tout ça je tombe de fatigue.

GOBEMOUCHE. Et moi aussi. Faisons vite nos arrangements pour passer la nuit le moins mal possible.

Mme GOBEMOUCHE. Ouvre nos sacs.... bichon!... prépare ma camisole.

GOBEMOUCHE. Toi, va faire la couverture.

GOBEMOUCHE. Et de la lumière?... nous n'avons qu'un rat.

GOBEMOUCHE. Laisse la porte ouverte, tu y verras.

Mme GOBEMOUCHE, ouvrant la porte de gauche. C'est dit ! (Elle entre.)

GOBEMOUCHE. Pourvu encore qu'il y ait un lit de plumes.

Mme GOBEMOUCHE. Ah ! mon Dieu !

GOBEMOUCHE. Quoi donc ?

Mme GOBEMOUCHE, revenant. Il n'y a pas de lit.

GOBEMOUCHE. Pas de lit de plumes ?

Mme GOBEMOUCHE. Pas de lit du tout.

GOBEMOUCHE. Nous sommes plumés !

Mme GOBEMOUCHE. Il n'y a qu'un tas de lattes.

GOBEMOUCHE. Des lattes! A-t-on mis au moins un traversin?

Mme GOBEMOUCHE. Ni traversin, ni table de nuit.

GOBEMOUCHE. Ça n'est pas commode. Et ici, rien qu'une planche pour couchette. Et ils appellent ça un hôtel meublé !

Mme GOBEMOUCHE. Des lattes !... pour reposer ma tête.

GOBEMOUCHE. Après ça, chère amie, je t'assure que les lattes ne sont pas un coucher désagréable... en s'arrangeant bien... en faisant son creux...

Mme GOBEMOUCHE. Laissez-moi donc tranquille avec votre creux.

GOBEMOUCHE. Essaie.... essaie..... tu verras... Tiens, voilà tes effets... Va te coucher, bobonne... moi je m'arrangerai de la planche.

Mme GOBEMOUCHE. Ah! Dieu !... j'en aurai une courbature. (Elle entre.)

GOBEMOUCHE. Etends ton châle sur tes pieds... Bonsoir ! (A lui-même.) Maintenant, pensons à moi. Où sont mes objets de tête ? (Fouillant dans le sac.) Mon pet-en-l'air, mon bonnet de coton... (Tirant une boite de clisopompe.) Qu'est-ce que c'est que ca ?... Ah!... je sais... (Au public.) C'est ma boîte à cigares. (Il remet la boite dans le sac.) Là !... déshabillons-nous! (La lumière s'éteint.) Ah ! bon ! ah ! bien! me voilà sans lumière !... Il y a tant de vents coulis ! J'appellerais bien le garçon, mais il n'y a pas de sonnette... Et, quand il y aurait une sonnette, il n'y a pas de garçon. (Se baissant et cherchant son sac à tâtons.) Tâchons de retrouver mon briquet. (Pendant qu'il cherche sur le devant du théâtre, le fond s'ouvre; une Année, représentée par une femme descend d'un nuage, entre dans la cave, vient mettre un papier sur le bonnet de coton que Gobemouche a placé sur la planche à bouteilles, puis remonte et disparait. Le fond se referme.

GOBEMOUCHE. Ah ! je le tiens ! (Il rallume sa chandelle.) Coiffons-nous. (Il prend son bonnet et fait tomber le papier.) Tiens... un papier. (Le ramassant.) Un papier timbré ! (Lisant.) Assignation à comparaître devant le tribunal des années. Le tribunal des années, je ne connais pas cette juridiction. (Lisant de nouveau). A M. Gobemouche, hôtel de l'Univers. C'est bien moi! Bah !... c'est quelque farce, quelque plaisanterie. Pensons à dormir. Mon sac de nuit pour oreiller.... ma cravatte pour courte-pointe !.. Ah!... (Comme frappé d'une idée il regarde sous la planche à bouteilles, puis autour de lui, comme cherchant quelque chose, et ne trouvant pas, il finit par dire : Enfin ! je m'en passerai. (Il s'étend sur la planche à bouteilles.) Ah ! c'est peu douillet ! N'importe !... essayons de dormir ! (Il souffle sa lumière. Aussitôt, un grand bruit se fait entendre au-dessus de sa tête. On entend des coups de marteaux et des cris de maçons à l'ouvrage. Gobemouche se remet sur son séant.) Ah ! saperlotte ! Qu'est-ce que c'est que ça ?

Mme GOBEMOUCHE, accourant en camisole. M. Gobemouche !... M. Gobemouche ?... Entendez-vous... ce bruit, ces vociférations ?

GOBEMOUCHE. En voudrait-on à nos jours?

Mme GOBEMOUCHE. Où sommes nous tombés, grand Dieu ?

GOBEMOUCHE. C'est pis qu'une cave... C'est une caverne.

Mme GOBEMOUCHE. Au secours!... au secours!

SCÈNE III.

LES MÊMES, L'INVALIDE, passant sa tête par en haut.

L'INVALIDE. Eh ! là-dessous!... qu'est-ce que vous avez donc à crier comme ça ?

GOBEMOUCHE. C'est l'invalide; je reconnais sa voix. Où êtes-vous ?

L'INVALIDE. Par ici.

GOBEMOUCHE, levant la tête. Ah ! sapristie ! nous ne sommes pas clos! J'aperçois une étoile... Nous couchons à la belle étoile!

Mme GOBEMOUCHE. Quel est ce bruit que j'entends ?

L'INVALIDE. Faites pas attention, c'est les travailleurs de nuit qui élèvent le premier étage de l'hôtel.

GOBEMOUCHE. Comment, ce n'est pas assez du jour, maintenant on travaille la nuit ?

L'INVALIDE. A la lumière électrique.

GOBEMOUCHE. Ah ! je comprends ! à la lumière électrique ; c'est pour électriser les ouvriers. Encore un progrès !

L'INVALIDE. Tenez ! en v'là un rayon qui éclaire Madame votre épouse.

Mme GOBEMOUCHE. Ah ! ciel... c'est indécent ! Sauvons-nous. (Elle rentre vivement.)

GOBEMOUCHE. Mais avec tout ça nous ne pourrons pas fermer l'œil.

L'INVALIDE. Ça ne me regarde pas ! Bonsoir ! (Il disparait).

(Musique à l'orchestre.)

GOBEMOUCHE, se recouchant. Comme c'est agréable ! En voilà un voyage ! Heureusement que demain !... Ah ! voilà que ça se calme un peu. Allons ! bonne nuit, bobonne !

Mme GOBEMOUCHE, en dehors. Bonne nuit, Loulou !

(L'orchestre joue en sourdine l'air des Fraises.)

GOBEMOUCHE, s'endormant et fredonnant :

Ah ! que de plaisirs ! que de plaisirs,
A cette fête !

(La planche sur laquelle il est étendu monte doucement et finit par disparaître.)

CHANGEMENT.

DEUXIÈME TABLEAU.

Un palais fantastique disposé en tribunal et ouvert sur des jardins.

SCÈNE Ire.

ANNÉES, BISSEXTILE.

(Ce personnage est le même qui a paru au premier tableau. Au lever du rideau, les Années forment un groupe en regardant au fond.)

CHOEUR.

AIR : Ronde des Mousquetaires.

Le voilà qui s'avance,
Et lorsque sonnera
L'heure de l'audience,
En ces lieux il sera !

BISSEXTILE.

Par mes soins transféré,
C'est notre nouveau juré !

PREMIÈRE ANNÉE.

Mais il dort.

BISSEXTILE.

C'est à tort ;
On ne plaide pas encor !

ENSEMBLE.

Faisons silence !
Vite partons !
Pour l'audience
Nous reviendrons !

(Les Années sortent, et, pendant la ritournelle du chœur, on voit monter le nuage sur lequel Gobemouche est couché et endormi.)

SCÈNE II.

GOBEMOUCHE seul, puis BISSEXTILE.

GOBEMOUCHE, s'éveillant en sursaut. Bobonne !... bobonne !... Il fait grand jour, lève-toi ! Elle ne répond pas. Dormirait-elle encore ? Bobonne!... bob... (jetant les yeux autour de lui.) Ah !... ciel !... ah ! saperlotte !... Est-ce que j'ai la berlue ? Mais, je ne suis plus à la cave... je suis décavé ! Quel est ce lieu fantastique ? Où m'a-t-on transvasé pendant mon sommeil ? Holà !... quelqu'un !... garçon !.. La boutique !...

BISSEXTILE, entrant. Voilà !... voilà !

GOBEMOUCHE. Hein !... quelle est cette jeune dame peu vêtue ?

BISSEXTILE. Qu'y a-t-il?... Qu'avez-vous?

GOBEMOUCHE. Parbleu !... j'ai que je veux savoir où je suis.

BISSEXTILE. Vous êtes dans Saturne.

GOBEMOUCHE. Dans Saturne !

BISSEXTILE. Dans la planète Saturne... où vous êtes cité pour l'audience de ce jour.

GOBEMOUCHE. Eh ! quoi..... cette assignation... ce papier que j'ai trouvé dans mon cascamèche...

BISSEXTILE. Ce papier venait d'ici.

GOBEMOUCHE. De Saturne !

BISSEXTILE. Il était extrait de notre greffe.

GOBEMOUCHE, ébahi. Il était extrait de Saturne !

BISSEXTILE. Et, c'est moi qui, en qualité d'huissier du tribunal, vous l'ai porté et laissé à domicile.

GOBEMOUCHE. Parlant à mon bonnet de nuit?

BISSEXTILE. Vous y êtes.

GOBEMOUCHE. C'est-à-dire que je n'y suis pas du tout. Car enfin que me veut-on !... De quoi s'agit-il ?

BISSEXTILE. C'est bien simple... Un usage établi parmi nous de temps immémorial, veut que chaque année à son tour soit déférée au tribunal de ses devancières, sous la présidence du Temps.

GOBEMOUCHE. Vraiment ! j'ignorais cette coutume.

BISSEXTILE. Or, c'est aujourd'hui que l'année 1854 doit passer en jugement. Il nous manquait un juré ; on a procédé au tirage, et le sort vous a désigné.

GOBEMOUCHE. Comment!... moi... un simple bourgeois du Jura, juré ! Certainement je suis très flatté de cet honneur, mais je vous ferai observer que j'étais venu à Paris pour voir la Foire aux Plaisirs et nullement...

BISSEXTILE. Pardon !... les devoirs avant les plaisirs.

GOBEMOUCHE. Et ma femme !... bobonne, qui m'attend.

BISSEXTILE. Vous la retrouverez plus tard. On a ici besoin de votre avis...

GOBEMOUCHE. Et si je refusais ?...

BISSEXTILE. Vous seriez condamné à une très forte amende.

GOBEMOUCHE. Alors c'est la bourse ou l'avis.. moi qui n'ai jamais eu que celui de ma femme. Comment vais je faire ? Enfin, voyons de quoi accuse-t-on cette pauvre année ? qui portera la parole contre elle ?

BISSEXTILE. La Critique.

GOBEMOUCHE. Et qui la défendra ?

BISSEXTILE. La Louange.

GOBEMOUCHE. Ah ! c'est juste... c'est ordinairement comme ça que ça se pratique. (Bruit de voix en dehors.)

BISSEXTILE. Eh ! tenez !.,. ce sont elles que j'entends !

SCÈNE III.

LES MÊMES, LA CRITIQUE ET LA LOUANGE

(La Critique, sous la forme d'une vieille en petit manteau noir et en bonnet carré. La Louange, sous la forme d'une jolie femme, porte sur son costume de gaze un petit manteau de couleur rouge, et à la main un bonnet d'avocat de la même nuance.)

ENSEMBLE.

AIR : de Wallace.

LA CRITIQUE.

Oui, vous aurez beau faire,
Mon avis prévaudra,
Et malgré vous, ma chère,
On la condamnera !

LA LOUANGE.

Oui, vous aurez beau faire,
Mon avis prévaudra,
Et malgré vous, ma chère,
Je dis qu'on l'absoudra.

GOBEMOUCHE, à Bissextile. Diable !... elles n'ont pas l'air d'être d'accord.

BISSEXTILE. Ce qui ne les empêche pas de trinquer ensemble à la buvette.

LA CRITIQUE, montrant un énorme dossier. Oui, je prétends l'accabler de mon réquisitoire !

LA LOUANGE. Bah !... je m'en moque pas mal, de votre réquisitoire ! Mon plaidoyer le battra en brèche.

LA CRITIQUE. Allons donc! on vous connaît depuis longtemps, la belle.

LA LOUANGE. On vous apprécie à votre juste valeur.

LA CRITIQUE. Encore si la louange était désintéressée.

LA LOUANGE. Si la critique était toujours juste, impartiale.

LA CRITIQUE. Une visite, un cadeau, un dîner, voilà comme on vous capte, comme on achète vos faveurs.

LA LOUANGE. Eh ! bien !... quand cela serait ! ça ne fait [illegible] Tandis que vous, sous prétexte de défendre les arts, c'est la jalousie, c'est l'incapacité qui vous rendent si amère, si hargneuse. Ne pouvant rien produire, vous éreintez ce qui produit.

LA CRITIQUE. Sans moi, qui donc rabattrait l'orgueil, signalerait les défauts, les travers, renverserait les réputations usurpées ?

LA LOUANGE. Qui donc sans moi répandrait un peu de baume sur les blessures que vous faites ?

LA CRITIQUE. Vous n'êtes qu'une courtisane !

LA LOUANGE. Et vous une vigère !

GOBEMOUCHE. Elles vont se prendre aux cheveux, c'est sûr !

LA LOUANGE.

AIR : Je m'en moque.

Moi je loue ! (*Bis.*)
Blâmer est de mauvais goût,
J'approuve tout !
Moi je loue
Et j'alloue,
Aux faibles comme aux puissants,
A chacun un grain d'encens.
Aux coquettes je fais,
Trouver leurs vieux attraits
Frais.
Je console à propos,
Par d'indulgents bravos,
L'auteur dont l'ouvrage échoue.
Dit-on d'un orateur,
Qu'il fait bâiller chaque auditeur?
Moi je loue !.. (*Bis.*)
Mon bonheur, mon seul plaisir,
Est d'applaudir !
Je pénètre à la cour, dans chaque ministère,
Enfin, il faut bien avouer,
Qu'outre les appartements, sur terre,
Il est bien des choses à louer !

LA CRITIQUE. Moi, c'est différent !

MÊME AIR.

Je critique, (*Bis.*)
Et trouve dans l'univers,
Tout de travers.
Je critique,
Politique,
Romans, drames et beaux-arts,
Sont soumis à mes brocarts.
Le succès, dira-t-on,
Devrait avoir raison,
Non !
J'attaque l'atelier,
La cave, le grenier,
Le salon et la boutique.
Qu'on fasse mal ou bien,
Ou que même on ne fasse rien,
Je critique. (*Bis.*)
Je me plais à chagriner,
A débiner.
Critiquer est un droit ; dans mon humeur caustique,
Je veux, j'entends le pratiquer,
Et quoique l'on dise, la critique
Trouvera toujours à critiquer.

GOBEMOUCHE. Fichtre ! On dit que la critique est [illegible] e.

BISSEXTILE. [illegible]

SCÈNE IV.

LES MÊMES, LES ANNÉES, avec des manteaux et des bonnets de juges, puis le TEMPS, et ensuite l'ANNÉE 1854.

CHŒUR.

AIR : de Zampa.

De l'audience enfin l'heure est sonnée,
Que l'équité soit reine dans les cieux ;
Voici l'instant, et pour juger l'année,
Assemblons-nous, prenons place en ces lieux.

(Pendant le chœur, les Années se sont placées près de leurs siéges et restent debout.)

GOBEMOUCHE, les regardant et à part. Les Années !... elles sont ma foi très gentilles, et je m'étonne qu'on se plaigne d'en avoir beaucoup.

BISSEXTILE annonçant : Le président ! (Le Temps paraît, tout le monde s'incline.)

GOBEMOUCHE, bas à Bissextile. C'est là le président ?

BISSEXTILE. Oui, le Temps.

GOBEMOUCHE. Tiens... tiens... on m'avait dit que c'était un grand maigre.

BISSEXTILE. Comment ?

GOBEMOUCHE. Que le temps était sec.

BISSEXTILE. En effet... il a été malade !.. mais il s'est remis.

GOBEMOUCHE. Oui... oui... c'est un beau temps.... (Voyant le Temps mettre son bonnet carré.) Ah ! diable !... voilà qu'il se couvre.

LE TEMPS, qui s'est assis ainsi que les Années. Juré, prenez place. . Vous, huissier, introduisez l'accusée.

(Bissextile fait entrer l'année 1854.)

LE TEMPS. Votre nom ?

L'ANNÉE. 1854.

LE TEMPS. Votre âge.

L'ANNÉE. Douze mois.

GOBEMOUCHE, à part. Elle est bien formée pour son âge.

LE TEMPS. Les débats sont ouverts. (Il boit un verre d'eau sucrée.)

GOBEMOUCHE, à part. Décidément, le Temps est à l'eau.

LA CRITIQUE, avec véhémence. J'accuse l'année ci présente, de n'avoir rien inventé, rien produit, de s'être traînée dans la routine, dans la rangaîne.

LA LOUANGE. Et moi, je dis, au contraire, que ma cliente mérite d'occuper un rang des plus élevés, des plus remarquables dans l'histoire, n'eût-elle produit qu'une chose déclarée impossible jusqu'à ce jour.

LA CRITIQUE. Eh ! laquelle donc ?

L'ANNÉE, se levant. L'alliance de deux grandes nations : la France et l'Angleterre.

AIR : d'Yelva.

Longtemps rivaux d'intérêt et de gloire,
Français, Anglais se tenaient à l'écart,
Lorsque le Nord, comptant sur la victoire,
Insolemment a levé l'étendart.
Tous deux alors ont dit dans leur vaillance :
» Rassure-toi, monde civilisé ! »
Et pour sceller cette noble alliance,
Au champ d'honneur ils ont fraternisé.

LA CRITIQUE. Oui, je vous attendais là. Vous allez nous parler de la guerre d'Orient, mais c'est justement ce qui doit donner de la force à mes incriminations. La politique vous a tellement absorbée, que vous avez négligé tout le reste. En théâtre, qu'avez-vous donné ? Des cosaques ! En littérature ? Des cosaques ! En caricature ? Des cosaques ! Toujours, toujours des cosaques ! Merci du don ! Rien de neuf, de gai, d'amusant. Voilà pourquoi je vous accuse, et pourquoi je conclus à votre condamnation.

LA LOUANGE. Tenez !... vous battez la breloque.

TOUS, murmurant. Ah !

BISSEXTILE. Silence !

LE TEMPS. J'engage la défense à mesurer ses expressions.

GOBEMOUCHE. A la bonne heure !

LA LOUANGE. C'est juste ! Vous êtes une vieille bête !

LA CRITIQUE. Insolente ! (Elles se lancent leurs bonnets à la tête ; le tumulte est à son comble. Le Temps agite sa sonnette.)

GOBEMOUCHE. Elles ont la tête près du bonnet.

LA LOUANGE. Oui, je soutiens que 1854, loin de rester arrière, a été une année féconde en inventions, en nouveautés de toutes sortes.

LA CRITIQUE. Mensonge !

BISSEXTILE. Silence !

LE TEMPS. La cause est entendue. Le jury appréciera.

GOBEMOUCHE. Pardon Monsieur le président, une simple observation...

LE TEMPS. Parlez.

GOBEMOUCHE. J'ignore l'opinion de mes collègues, mais, quant à moi, il me semble assez difficile de me prononcer aussi légèrement. Il faudrait au moins des preuves.

LA CRITIQUE. Des preuves ! allons donc !... mais ces prétendues inventions dont elle se vante, qui donc pourrait nous les montrer ?

SCÈNE V.

LES MÊMES, LA REVUE, se montrant tout à coup

LA REVUE. Moi ! la Revue.

TOUS. La Revue !

LA REVUE.

AIR : Quadrille péruvien.

Place s'il vous plaît,
Place et respect,
A la Revue !
Je prends mon élan,
Joyeuse enfant,
Du jour de l'an.
J'arrive gaiment,
Exactement,
Et l'on m'a vue,
Tous les douze mois,
Rire et chanter depuis l'an trois.
J'apporte avec moi,
Quoi ?
Bons mots et rondeaux,
Chauds,

De gros calembourgs,
Lourds.
Et plus d'un canard;
Car,
Des inventions,
Perfections,
Que l'on encense,
Des ballons qu'on lance,
Ne sont souvent,
Qu'un peu de vent.
Mais que de beautés,
De nouveautés,
Dans mon bagage!
J'ai de gais minois,
Et parfois,
Des propos grivois.
Puis, à volonté,
Changeant de ton de personnage,
La variété,
Voilà surtout mon bon côté.
Je vous fais, le soir,
Voir,
Portraits dans Paris,
Pris;
Je pousse un ressort,
Sort
L'inventeur d'un pouf,
Ouf!
Qu'il soit laid ou beau,
Du nouveau,
Tel est mon système!
N'ai-je pas moi-même,
Fait un journal de mon rideau?
Franchissant les cieux,
Je vous conduis dans la planète,
Ou, c'est la comète
Que je fais passer sous vos yeux.
Un soir, à la brune,
Je vous mènerai dans la lune;
Car c'est mon métier,
De toujours changer de quartier.
On est ébloui,
Oui!
Chacun dit: bravo!
Oh!
Car le quolibet,
Met,
Tout en relief;
Bref,
Je plais,
Par mes traits,
Et quand ma veine,
Est hors d'haleine,
Le sel des couplets,
Se remplace par des mollets.
Place, s'il vous plaît,
Place et respect,
A la Revue., etc., etc.

LA LOUANGE, à la Critique. Ah! vous ne vous attendiez pas à ce coup de jarnac! Je demande à la Cour de surseoir au jugement et de nommer pour arbitre M. Gobemouche.

LA REVUE. Moi, je me charge d'exhiber à ses yeux toutes les nouveautés écloses en 1854, et, sur son rapport, on prononcera.

TOUTES LES ANNÉES. Bravo!... bravo!

LE TEMPS. Accordé!

GOBEMOUCHE. Mais, où allez-vous me conduire?

LA REVUE. A Paris!.

GOBEMOUCHE. Ça me va... (A part.) Je reverrai Bobonne.

TOUS.

AIR: Ah! c'Cadet-là!

Vite à Paris portez vos / portons nos pas,
Nous reviendrons / Vous reviendrez sans doute.
Bien éclairés sur ces débats.
Ne tardons / Ne tardez pas!
En route! (*Ter.*)

GOBEMOUCHE.

Partir, c'est bien,
Mais enfin, quel moyen
M'offrez-vous pour faire le voyage?
Peut-être à tort,
Mais en fait de transport,
Je ne prise pas fort
Le nuage!

LA REVUE.

Ne tremblez plus!
Pour omnibus
J'ai bien mieux qu'un nuage.

GOBEMOUCHE.

Mieux qu'un nuage,
Eh! mais, quoi donc?

LA REVUE.

Parbleu!... mais un canon!
(Paraît un mortier monté sur un affût.)

GOBEMOUCHE. (Parlé.) Un canon!

LA REVUE. Le moyen le plus expéditif de franchir les distances.

GOBEMOUCHE. Pour les boulets, c'est possible.

LA REVUE. On va vous mettre dans ce mortier.

GOBEMOUCHE. Moi? pas de mauvaise charge!

LA REVUE. On le braque sur l'obélisque ou le boulevart du Temple; le coup part, vous décrivez votre courbe...

GOBEMOUCHE. Et j'arrive à Paris comme une bombe! Merci!

REPRISE DU CHŒUR.

Vite à Paris portez vos pas! etc., etc.

(Pendant le chœur, on s'empare de Gobemouche, et on le met, malgré sa résistance, dans le mortier.)

GOBEMOUCHE, passant la tête. Il n'y a pas de danger?

LA REVUE, le repoussant. Eh! non!... Feu! Le coup part. On voit Gobemouche lancé dans l'espace. Le rideau baisse.)

ACTE DEUXIÈME.

TROISIÈME TABLEAU.

Une rue de Paris. Au fond, une maison mi-partie blanche et noire, devant laquelle est suspendu un échaffaudage de badigeonneur. A gauche et à droite, d'autres maisons que l'on est en train de blanchir, et devant chacune desquelles se tient un ouvrier, une latte à la main, pour écarter les passants. Une grande affiche de la *Foire aux plaisirs* est collée contre un mur.

SCÈNE PREMIÈRE.

PASSANTS, OUVRIERS, puis GOBEMOUCHE, puis la REVUE.

CHŒUR.

AIR : Le Bal et la Comédie.

Vraiment, c'est insupportable !
On n'osera plus sortir.
Ah ! c'est à donner au diable,
Cette rage de blanchir !

(Les passants sortent en se secouant, Gobemouche entre au milieu d'eux.)

GOBEMOUCHE, se frottant les côtes. Ouf !... j'aime mieux la diligence ; c'est moins prompt... mais ça vous dépose plus doucement. Enfin, grâce à ce voyage... à mitraille, j'espère avoir échappé à ma conductrice !... tâchons de retrouver Bobonne et de me rendre avec elle à la *Foire aux plaisirs* !

PREMIER OUVRIER, écartant Gobemouche. Passez à droite.

GOBEMOUCHE. Merci ! (Il traverse le théâtre.)

DEUXIÈME OUVRIER. Passez à gauche.

GOBEMOUCHE. A gauche ! à droite !.. ah ! ça, il n'y a donc plus moyen de passer dans Paris ?

LA REVUE, entrant. Ne vous étonnez pas, mon cher.

GOBEMOUCHE, à part. Ah ! bon ! me voilà repincé.

LA REVUE. Paris est en ce moment livré au badigeon.

SCÈNE II.

LES MÊMES, BADIGEON. (Son costume et sa figure sont comme les maisons, noirs d'un côté, blancs de l'autre.)

BADIGEON. Badigeon !... Qui est-ce qui parle de Badigeon ? voilà Badigeon !

GOBEMOUCHE. Badigeon ?

LA REVUE. Le héros du jour, le dieu de l'époque.

GOBEMOUCHE. Ah ! c'est vous qui êtes chargé de....

BADIGEON. Moi-même, pour vous servir.

GOBEMOUCHE, à la Revue. Et pourquoi donc est-il noir d'un côté et blanc de l'autre ?

LA REVUE. C'est un spécimen de l'aspect des maisons de Paris en ce moment.

BADIGEON. Monsieur a-t-il besoin d'être recrépi ?

GOBEMOUCHE. Comment, recrépi !

BADIGEON. A-t-il une propriété sur le pavé de la capitale ? Enfin, est-il soumis au nouvel arrêté ?

GOBEMOUCHE. Le nouvel arrêté ?

BADIGEON. Obligeant les propriétaires à faire badigeonner, gratter leurs façades.

GOBEMOUCHE. Ah ! les propriétaires sont obligés de se gratter ?...

BADIGEON. Des pieds à la tête !

AIR : de l'Artiste.

La nouvelle ordonnance
Les forçant d' se blanchir,
Ce surcroît de dépense
D'abord les fit gémir ;
Mais les propriétaires,
Augmentant leurs loyers,
Ce sont les locataires
Qui s' trouvent nettoyés.

GOBEMOUCHE. Ah !... oui... ce sont les propriétaires qui se grattent..

BADIGEON. Et c'est aux locataires qu'il en cuit.

GOBEMOUCHE. Je comprends.

BADIGEON. Paris se fait beau, Paris change de linge. Le Louvre, le Palais-Royal, l'Hôtel-de-Ville, les boulevarts, blanchis ! la rue Verte, blanchie ! la rue du Ponceau, blanchie ! le passage Violet, blanchi ! le Cadran-Bleu, blanchi !

GOBEMOUCHE. Ah ! ça on blanchit donc tout ?

BADIGEON. Tout, absolument tout !

LA REVUE. Même les passants !

GOBEMOUCHE. Les passants aussi ! C'est donc pour ça que tout à l'heure j'en ai vu trois de si blancs !

LA REVUE. Et l'on vous disait là-haut que l'année n'était pas blanche !

BADIGEON. Elle !... pas blanche ?... Allons-donc !... on ne dira pas l'année 1854... on dira l'année du blanchissage !

AIR : Vite en route.

A l'ouvrage!

Vite au blanchissage!
Du courage!
Lavons,
Lessivons!
A l'ouvrage,
Vite au blanchissage,
Blanchissons
Et recrépissons.
Respect aux lois d' l'autorité;
Allons, dame propriété,
Un petit bain de propreté.
Riche mais honnête,
Faites maison nette.
Y a pas d' mal, morbleu,
A vous blanchir un peu!

ENSEMBLE.

A l'ouvrage,
Vite au blanchissage, etc.

BADIGEON.

Et ces hôtels où, de tous temps,
Pour prodiguer leur faux encens,
Se sont pressés les courtisans,
Flatteurs sans vergogne,
Toujours à la b'sogne;
A force d'y venir
Ils ont dû les salir!

ENSEMBLE.

A l'ouvrage,
Vite au blanchissage, etc.

BADIGEON.

Comme les maisons, si les gens
Se regrattaient tous les dix ans,
Si l'vieux fat retrouvait ses dents,
La vieille coquette,
Sa peau si blanchette,
Que d' monde, je croi,
Redirait avec moi :

(ENSEMBLE.)

A l'ouvrage,
Vite au blanchissage,
Du courage,
Lavons,
Lessivons!
A l'ouvrage,
Vite au blanchissage,
Blanchissons
Et recrépissons!

(Badigeon sort avec les ouvriers.)

SCÈNE III.

GOBEMOUCHE, LA REVUE.

GOBEMOUCHE, se regardant. Ah! mon Dieu!.. comme me voilà fait! Sur la manche...

LA REVUE. Et dans le dos.

GOBEMOUCHE. Dans le dos aussi!.. (Il se retourne; on voit son dos plein de badigeon.)

LA REVUE. Il vous a passé au blanc.

GOBEMOUCHE. Passé au blanc!.. Je suis passé au bleu! (Se secouant.) Eh! vite, quittons ce nid à poussière, et rendons-nous à la Foire aux plaisirs.

LA REVUE. Bah!... vous avez bien le temps.

GOBEMOUCHE, montrant une affiche au fond. Du tout! voyez donc l'affiche : la fête commencera à midi. Douze heures de plaisirs! Je tiens à mes douze heures.

LA REVUE. Il faut le retenir. (Elle remonte et fait un signe.)

GOBEMOUCHE. Partons. (On entend une ritournelle.) Allons, qui vient là?

SCÈNE IV.

LES MÊMES, LES PETITS-PARIS.

(Paris-Portière, Paris-Grisette, Paris-Canaille, Paris-Masqué, Paris-Domestique, Paris-Etudiant, représentés tous par des femmes.)

CHOEUR.

Air de Breda street.

Tin! tin! nous voici tous!
Nous en avons pour tous les goûts.
Tin! tin! nous voici tous,
Admirez-nous, achetez-nous!

PARIS-PORTIÈRE.

Nous sommes les Petits-Paris.

PARIS-DOMESTIQUE.

De nous chacun est épris.

PARIS-CANAILLE.

Sur nature on nous a pris.

PARIS-GRISETTE.

Dix sous, voilà notre prix!

ENSEMBLE.

Tin! tin! nous voici tous!
Etc., etc.

PARIS-MASQUÉ.

Notre format est petit,

PARIS-ÉTUDIANT.

Et quant au texte, à l'esprit,

PARIS-CANAILLE.

Tout dans notre édition
Se trouve à proportion!

ENSEMBLE.

Tin! tin! nous voici tous!
Etc., etc., etc.

GOBEMOUCHE. Ah!.. vous êtes les Petits-Paris! Bien... bien!.. connais pas!

TOUS. Par exemple!

PARIS-CANAILLE. Connais pas!.. Excuso!

PARIS-PORTIÈRE. Dieu merci, on est connu dans son quartier.

PARIS ÉTUDIANT. Et avantageusement noté sur la place.

PARIS DOMESTIQUE. On nous trouve sur les quais, dans les passages.

PARIS MASQUÉ. Chez tous les étalagistes.

LA REVUE. Où vous restez la plupart du temps.

PARIS-PORTIÈRE. Nous sommes une publication à la mode.

GOBEMOUCHE. A la mode... de quand?

PARIS GRISETTE. De cette année.

LA REVUE. Une nouveauté de 1854.

GOBEMOUCHE. Une nouveauté?

PARIS CANAILLE. Et un peu *bate!*... je m'en flatte!

GOBEMOUCHE. Permettez: mais si je ne me trompe, on a déjà fait beaucoup de Paris.

PARIS-GRISETTE. Pas petits.

GOBEMOUCHE. Je comprends,.. votre différence avec les autres...

PARIS-DOMESTIQUE. C'est notre petitesse.

PARIS CANAILLE. Et voilà !

PARIS-ÉTUDIANT. La physiologie des écoles, Paris-Etudiant, grand cultivateur de carottes et de pipes culottées !

PARIS-MASQUÉ. Paris-Masqué, élève et successeur de M. Chicard... professeur de danse et de maintien, à l'usage des demoiselles. — Ohé ! hup !...

AIR : Ah ! qu'il est doux de vendanger.

Par l'inspecteur très reluqué,
De rien n'être choqué,
Avoir le costume chiqué,
La parole fantasque,
Et l'pas un peu risqué...
Voilà Paris sous l'masque !

PARIS-GRISETTE.

Pour palissandre, du noyer,
Un' chauff'rett' pour foyer;
Avec un' pomme festoyer,
Et chérir en cachette
Quelqu'un pour son loyer...
Voilà Paris-Grisette !

PARIS-PORTIÈRE.

Des galants glisser les bouquets;
Fair' la chasse aux roquets;
Allumer trop tard les quinquets,
Et d'la maison entière
Répéter les caquets...
Voilà Paris-Portière !

PARIS-DOMESTIQUE.

Tout endurer sans dire un mot;
Mais, adroit et finot,
Chaqu' jour arrondir son magot;
S'il est d'garde en tunique,
D'mosieu s'payer l'pal'tot...
V'là Paris domestique !

PARIS-CANAILLE.

A la poul' lever son tribut;
Avoir la flân' pour but;
Fair' fi d'la langu' de l'Institut,
Et si quéqu'un vous raille,
Lui dir' : du flan !.. ou zut !..
Voilà Paris-Canaille !

PARIS-GRISETTE. Sans compter bien d'autres encore... parus et à paraître.

PARIS-MASQUÉ. Paris joueur.... Paris farceur... Paris débiteur.

PARIS-PORTIÈRE. Paris dîneur... pour les soupeurs !

PARIS-DOMESTIQUE. Paris claqueur.... pour les auteurs !

PARIS-CANAILLE. Paris voleur.... pour les tailleurs ! (S'adressant à Gobemouche.) Monsieur est-il marié ?

GOBEMOUCHE. Certainement, jeune homme !

PARIS-CANAILLE. Alors nous avons un Paris qui vous chausserait comme un gant.

GOBEMOUCHE. Et lequel ?

PARIS CANAILLE. Paris un de plus !

GOBEMOUCHE. Comment, un de plus !

PARIS-CANAILLE. Oh ! c'te balle ! Bonjour, Mô-ieu ! (Il lui donne un renfoncement.)

REPRISE DU CHOEUR.

Tin ! tin ! nous voici tous !
Nous en avons pour tous les goûts ,
Tin ! tin ! nous voici tous,
Admirez-nous , achetez-nous !

LA REVUE.

Quoi que vraiment bien gentils,
Il vous manque, à mon avis,
Un seul Paris, le meilleur !...

TOUS.

Et c'est ?...

LA REVUE.

Paris acheteur !

TOUS. (Parlé.) Ah ! par exemple !...

ENSEMBLE.

Tin ! tin ! nous voici tous, etc.

(Ils sortent.)

GOBEMOUCHE, redressant son chapeau. Allez donc vous promener !... je donne au diable toutes les publications !...

SCÈNE V.

LES MÊMES, LA BIOGRAPHIE.

LA BIOGRAPHIE, entrant. Excepté moi, s'il vous plait.

GOBEMOUCHE. Hein !... qu'est-ce encore que celle-là ?

LA REVUE. Une autre nouveauté de 1854.

LA BIOGRAPHIE. La biographie.

GOBEMOUCHE. La biographie !

AIR : De Marianne.

Je connais des hommes illustres
La biographie...

LA BIOGRAPHIE.

Eh ! mon cher,
Ces gens-là n'étaient que des rustres
Héros morts !... les miens sont de chair.
Oui, des vivants,
Je tire et vends
Les traits frappants,
Garantis ressemblants.
Leurs incidents,
Leurs précédents,
Tout est connu,
Et par moi mis à nu.
J'écris l'histoire quotidienne
Des grands hommes contemporains,
Des gens d'esprit... et des crétins...
Monsieur veut-il la sienne ?

GOBEMOUCHE. Vous voulez faire ma biographie ?

LA BIOGRAPHIE. Avec portrait et fac simile de votre signature.

LA REVUE. Eh ! mais, cela pourrait vous donner un certain relief dans le Jura !

GOBEMOUCHE. C'est vrai !

LA BIOGRAPHIE. Vous désirez, sans doute, que je dise du bien de vous ?

GOBEMOUCHE. Naturellement.

LA BIOGRAPHIE. Je dirai donc que vous êtes joli, que vous me semblez beau, que vous avez infiniment d'esprit, enfin que vous êtes un homme à femmes.

GOBEMOUCHE, avec fatuité. Oh !... non... non !... c'est un peu trop !

LA BIOGRAPHIE. Voilà pour le physique ; quant à la vie privée, je vous prierai de me donner quelques notes.

GOBEMOUCHE. Bien volontiers.

LA BIOGRAPHIE. Votre nom, d'abord?

GOBEMOUCHE. Amilcar Gobemouche.

LA BIOGRAPHIE. Issu de quelle famille ?

GOBEMOUCHE. Malheureusement, ma naissance est dépourvue de lustre. Je suis d'une famille de chandeliers.

LA BIOGRAPHIE. Très bien, ne vous inquiétez pas. (Écrivant.) M. Amilcar Gobemouche, issu d'une famille de Grèce !

GOBEMOUCHE. De Grèce !... (Comprenant.) Ah ! oui !... de graisse...

LA BIOGRAPHIE. Cela vous donne tout de suite un certain suif.

LA REVUE. Cela éclaire votre origine sans trop éclairer le lecteur.

GOBEMOUCHE. J'entends.

LA BIOGRAPHIE. Avez-vous conservé de votre enfance quelque trait caractéristique ?

GOBEMOUCHE, après avoir réfléchi. J'avais souvent la colique.

LA BIOGRAPHIE, écrivant. Dès son jeune âge, le petit Amilcar montrait les dispositions les plus belliqueuses.

GOBEMOUCHE. Comment?... mais...

LA BIOGRAPHIE. Passons à l'âge mûr. Pourriez-vous me citer quelque action d'éclat ?.... quelque action qui ait fait du bruit ?...

GOBEMOUCHE, vivement. Oui ; un jour j'ai reçu un soufflet. On m'a prouvé que j'avais tort ; j'ai fait bravement des excuses.

LA BIOGRAPHIE. Parfait ! (Écrivant.) Il se couvre de gloire à la Tafna en tombant sur les derrières de l'ennemi !

GOBEMOUCHE. Pardon ! mais...

LA BIOGRAPHIE. Mon cher, vous me ferez un procès si vous voulez, mais vous ne m'empêcherez pas de dire que vous êtes un grand homme !

GOBEMOUCHE. Un grand homme ! moi... qui ai été réformé pour défaut de taille !

LA BIOGRAPHIE. Aimeriez-vous mieux que j'allasse dire que M. Gobemouche est un imbécile, un poltron, qu'il a des cors aux pieds et que sa femme le fait...

GOBEMOUCHE. Mais non... mais non... cela me serait très désagréable, et je vous chercherais noise.

LA REVUE. C'est bien ce qu'on lui a fait.

LA BIOGRAPHIE. Aussi maintenant, pour éviter les réclamations, les provocations, les condamnations, j'écris toutes mes biographies comme je viens d'écrire la vôtre.

GOBEMOUCHE. Mais ce n'est plus de la biographie.

LA REVUE. C'est la biographie telle qu'on la fait à présent.

LA BIOGRAPHIE. La biographie illustrée !

AIR : Tout est contrebande.

La biographie,
Prêtant des bons mots
A bien des sots,
Vous déifie
Aux yeux des badauds.
Faut-il d'un bas-bleu
Parler un peu ?
C'est délicat,
Mais sans éclat,
Adroitement,
Et galamment,
On glorifie
Ses tableaux
Moraux
Et ses romans,
Surtout charmants
Pour les enfants.
Quant aux faux-pas,
N'en parlant pas,
On modifie,
La biographie,
Etc., etc., etc.
Si quelque écrivain,
Comme un moulin,
A chaque instant,
Tourne à tout vent,
Revirement
Que rien vraiment
Ne justifie ;
Indulgent conteur,
A mon lecteur,
Tout simplement,
Je dis comment
Mon journaliste, en se levant,
Se barbifie.
Etc., etc., etc.,
Au jeune premier,
Fils d'un portier,
Je donne pour père un banquier;
Ou bien d'un rat
De l'Opéra,
Je certifie
Et la chasteté,
Et les œuvres de charité...
Bref, chaque jour,
Et tour-à tour,
Je rectifie
Ou j'amplifie !
La biographie,
Prêtant des bons mots
A bien des sots,
Vous déifie,
Aux yeux des badauds !

GOBEMOUCHE. Allons... allons... tout ce que vous dites là me décide... J'accepte les éloges.

LA BIOGRAPHIE. Monsieur, c'est cinquante francs.

GOBEMOUCHE. Comment, cinquante francs ?

LA BIOGRAPHIE. Ne croyez-vous pas qu'on va vous illustrer *gratis*? un magot comme vous !... Demain j'enverrai toucher la quittance.

GOBEMOUCHE. Ah ça, mais cette biographie, c'est une carotte !

LA BIOGRAPHIE, chantant.

La biographie,
Prêtant des bons mots
A bien des sots,
Vous défie
Aux yeux des badauds.

(Elle sort).

SCÈNE VI.

GOBEMOUCHE, LA REVUE, puis L'ASSUREUR.

GOBEMOUCHE. Mais avec tout ça le temps se passe, la foire aux Plaisirs me réclame; prenons vite une voiture.

LA REVUE. Vous voulez dire le chemin de fer.

GOBEMOUCHE. Oh!... le chemin de fer... encore le chemin de fer... Je crains les accidents.

L'ASSUREUR, s'avançant. Alors, faites-vous assurer.

GOBEMOUCHE. Comment, assurer ?

L'ASSUREUR. Par notre Compagnie d'assurances.

LA REVUE. Oui, une invention française, d'importation anglaise.

L'ASSUREUR. N'avez-vous pas vu, le long des boulevarts, nos annonces à deux colonnes sur toutes les colonnes ?

GOBEMOUCHE. Ah!... oui... des annonces rouges sur les colonnes.

L'ASSUREUR. Toutes les colonnes en sont tapissées.

GOBEMOUCHE. Et vous dites que l'on assure les voyageurs?

L'ASSUREUR. Contre les accidents du chemin de fer.

GOBEMOUCHE. Et quand on est assuré?...

L'ASSUREUR. On est rassuré. Moyennant une prime légère, on a droit à une indemnité proportionnée à l'importance des atouts.

GOBEMOUCHE. Vraiment ?

L'ASSUREUR. Tous les cas sont prévus et tarifés.

GOBEMOUCHE. Ah! bah!... c'est un prix fait ?

L'ASSUREUR. Comme pour les petits pâtés. 1 fr. 25, pour une simple torgnole. Pour un œil poché, 30 sous. Pour une dent cassée, 2 francs; pour la mâchoire entière, 4 fr. 50. Une côte ou un chapeau enfoncé, au choix, 10 francs!

GOBEMOUCHE, Ah! ça, et en cas de mort?

L'ASSUREUR. On vous fait une rente viagère.

GOBEMOUCHE. Une rente viagère! c'est très avantageux!

L'ASSUREUR.

AIR :

Voyageur primitif,
Naïf,
Mais positif,
Sois attentif,
Admire mon tarif.
A tout accident destructif,
Je l'offre comme correctif;
Car s'il n'est pas préservatif,
Du moins actif
Et lucratif,
Il devient, dans un cas affectif,
Un moyen consolatif.
Humain à l'excessif,
Bien qu'administratif,
Ici point de motif
Spéculatif;
Car, en définitif,
Sans être présomptif,
Je promets, pour un prix chétif,
Un avantage tentatif.
Après maint revers successif,
A ce prospectus descriptif,
Demeurer sourd et trop rétif,
Serait vraiment être fautif;
En outre, se montrer craintif
Me semblerait intempestif;
Puisqu' enfin d'après mon tarif,
Par un système progressif,
J'assure, le fait n'est pas fictif,
Les jamb's, les bras et le pif!

GOBEMOUCHE. Jeune homme, vous m'avez convaincu... car mes jours me sont chers... je me dois à mon épouse!

L'ASSUREUR. Ah! Monsieur a une épouse?... Alors, je vous assure contre la bosse au front.

GOBEMOUCHE. Assuré contre la bosse!... Quel progrès!

ENSEMBLE.

AIR : Apportez vos pinceaux.

De tracas,
D'embarras,
L'assurance,
Vous / Nous dispense.
Soyez moulu, brisé,
Vous serez indemnisé!

(L'Assureur sort.)

GOBEMOUCHE. Et maintenant que me voilà tranquille, partons pour... (Apercevant un afficheur qui colle une bande sur l'affiche de la *Foire aux Plaisirs*.) Eh! bien, qu'est-ce que je vois là? (Lisant.) «Vu l'incertitude du temps, la fête est remise.» Oh! saperlote! quelle contrariété!

LA REVUE, riant. Ah! ah! ah!... cela vous étonne?... Mais la *Foire aux Plaisirs* n'en fait jamais d'autres.

AIR : Du premier prix.

Nous la voyons chaque semaine,
Afficher, puis désafficher;
Et, sans cesse, elle nous promène,
Sans pour cela pouvoir marcher.
Son affiche, chose incroyable,
Dans ses caprices inconstants,
Se montre encor plus variable...
Plus variable... que le temps!

GOBEMOUCHE. Et moi qui me promettais tant d'agrément à cette fête!

SCÈNE VII.

GOBEMOUCHE, LA REVUE, UN PROFESSEUR DE BATON, UN PROFESSEUR DE CHAUSSON, tous deux en tenue d'exercice.

LE PROFESSEUR DE BATON, entrant.

AIR : de Titi le Talocheur.

C'est moi (*bis.*)
Qui suis le roi
Des artistes
Bâtonistes !
Sans plus d' façon,
Vite un' leçon,
Bien d' bon ton,
Comm' le bâton !

LE PROFESSEUR DE CHAUSSON, entrant.

C'est moi (*bis.*)
Qui suis le roi
D' la savatte,
Et je m'en flatte,
Sans plus d' façon,
Vite une leçon !
Bien d' bon ton,
Comme le chausson !

(Ils prennent Gobemouche chacun par un bras.)

GOBEMOUCHE. Qu'est-ce que c'est que ces gens-là ?... Qu'est-ce que vous me voulez ?

LE PROFESSEUR DE CHAUSSON. Ne parliez-vous pas d'aller à une fête ?

GOBEMOUCHE. C'était mon intention, mais...

LE PROFESSEUR DE BATON. On revient tard...

LE PROFESSEUR DE CHAUSSON. Par des chemins déserts.

LE PROFESSEUR DE BATON. On est exposé à faire de mauvaises rencontres.

LE PROFESSEUR DE CHAUSSON. A trouver des malfaiteurs sur son passage.

GOBEMOUCHE. Mais puisque je vous dis que,..

LE PROFESSEUR DE CHAUSSON. Pour obvier à cet inconvénient.....

LE PROFESSEUR DE BATON. Il n'y a qu'une chose.

LE PROFESSEUR DE CHAUSSON. La savate.

LE PROFESSEUR DE BATON. Du tout !.. le bâton.

GOBEMOUCHE, se débattant. Mais lâchez-moi donc !... à la fin, qui êtes-vous ?

LA REVUE. Deux professeurs très en vogue.

LE PROFESSEUR DE BATON, lui faisant un moulinet sous le nez. Tape-Dur, professeur de canne.

LE PROFESSEUR DE CHAUSSON. Brise-Caboche, professeur de chausson. (D'un coup de pied il lui enlève son chapeau.)

GOBEMOUCHE. Hein !... qu'est-ce que c'est ?

LE PROFESSEUR DE CHAUSSON. Un échantillon de mon savoir-faire ; une nouvelle manière de forcer les gens à vous saluer.

LE PROFESSEUR DE BATON. N'écoutez-pas ce mal-appris et honorez-moi de votre confiance.

LE PROFESSEUR DE CHAUSSON. Envoyez paître cet intrigant, et prenez de mes cachets.

GOBEMOUCHE. Des cachets de bâton, de chausson !

LA REVUE. Ce sont deux arts qui ont pris un grand développement cette année, deux arts qui sont en progrès.

GOBEMOUCHE. Ah ! il y a progrès de savate?

LE PROFESSEUR DE BATON. Voyez plutôt mes prospectus.

LE PROFESSEUR DE CHAUSSON. Consultez mes réclames.

LE PROFESSEUR DE BATON. Ce sont les exercices du corps qui régénèrent l'espèce humaine.

LE PROFESSEUR DE CHAUSSON. Qui redressent les torts de la nature.

LE PROFESSEUR DE BATON. Qu'a-t-on fait jusqu'à ce jour pour l'homme, ce lion de l'humanité ?

LE PROFESSEUR DE CHAUSSON. A peine est-il au monde, on s'occupe de développer son intelligence. Est-ce absurde !

LE PROFESSEUR DE BATON. On s'évertue à lui donner de l'esprit. Faut-il être bête !

LE PROFESSEUR DE CHAUSSON. Et on ne fait rien pour développer ses muscles, son agilité.

LE PROFESSEUR DE BATON. Pour le mettre en état de se défendre.

LE PROFESSEUR DE CHAUSSON, à Gobemouche. Vous, par exemple, vous êtes peut-être très spirituel. Vous n'en avez pas l'air ; mais enfin tout est possible.

LE PROFESSEUR DE BATON. Mais est-il permis d'offrir aux regards un spectacle plus affligeant ?

GOBEMOUCHE. Comment... comment !..

LE PROFESSEUR DE BATON. Pas de corps !

LE PROFESSEUR DE CHAUSSON. Vous êtes tout en jambes... un véritable faucheux.

LE PROFESSEUR DE BATON. Mais vous marchez en dedans.

LE PROFESSEUR DE CHAUSSON. Mais vous êtes cagneux.

GOBEMOUCHE. Ah ! mais dites-donc !...

LE PROFESSEUR DE BATON. Bâti comme vous l'êtes, quelle terreur pouvez-vous inspirer ?

LE PROFESSEUR DE CHAUSSON. Quel caprice pouvez-vous faire ?

LE PROFESSEUR DE BATON. Eh ! bien... en un clin-d'œil, cette nature ingrate peut se transformer.

LE PROFESSEUR DE CHAUSSON. Vous pouvez devenir agile.

LE PROFESSEUR DE BATON. Beau !

LE PROFESSEUR DE CHAUSSON. Vigoureux !

GOBEMOUCHE. En vérité?

LE PROFESSEUR DE BATON. Sans compter que vous acquérez un véritable talent de société.

LE PROFESSEUR DE CHAUSSON. Le moyen de vous rendre agréable dans un salon.

GOBEMOUCHE. Dans un salon ?

LE PROFESSEUR DE CHAUSSON. La musique, la danse sont bien usées.

LE PROFESSEUR DE BATON. Quoi de plus gracieux qu'un solo de bâton ?

LE PROFESSEUR DE CHAUSSON. De plus élégant qu'un duo de savate !

GOBEMOUCHE. Vous voulez que je tire la savatte en société ? Jusqu'à présent, je n'ai tiré que mes galoches... en entrant.

LE PROFESSEUR DE BATON.

AIR : Rifolet sans qu'il s'en doute.

La chose par excellence,
Ici-bas, c'est le bâton !

LE PROFESSEUR DE CHAUSSON.

Je dis que la préférence,
Doit se donner au chausson.

LE PROFESSEUR DE BATON.

Par le bâton, je l'atteste,
Que de services rendus !

LE PROFESSEUR DE CHAUSSON.

Le chausson, loin d'être en reste,
Sait en compter encore plus !

LE PROFESSEUR DE BATON.

Si bon pour le mal de gorge,
Tout d'abord ne voit-on pas
Le bâton de sucre d'orge
Adoucir nos premiers pas ?

LE PROFESSEUR DE CHAUSSON.

Jadis, tous tant que nous sommes,
Qui rendait nos jours plus beaux ?
C'était le chausson aux pommes,
Ou le chausson aux pruneaux.

LE PROFESSEUR DE BATON.

C'est un bâton au jeune âge
Que l'on donne pour cheval.
Que donne-t-on au courage ?
Un bâton de maréchal.

LE PROFESSEUR DE CHAUSSON.

Des danseuses, qui rehausse
Les entrechats, les pliés ?
C'est le chausson qui nous chausse
En chaussant leurs petits pieds.

LE PROFESSEUR DE BATON.

A l'âge de la faiblesse,
Quand pèse le poids des ans,
C'est le bâton de vieillesse
Qui soutient nos pas tremblants.

LE PROFESSEUR DE BATON.

Mais à cette heure dernière,
Préparés par Jeanneton,
Deux bons chaussons de lisière
Tiennent plus chaud qu'un bâton !

ENSEMBLE.

Enfin, malgré sa jactance,
Je soutiens avec raison,
Que partout la préférence
bâton !
Doit se donner au
chausson !

LE PROFESSEUR DE CHAUSSON. Et pour jouir de tant d'avantages, que vous faut-il ?

LE PROFESSEUR DE BATON. Tirer la canne.

LE PROFESSEUR DE CHAUSSON. Non pas !... la savate ; on n'a pas toujours une canne avec soi, tandis qu'on a toujours son pied sous la main.

GOBEMOUCHE. C'est juste !

LE PROFESSEUR DE BATON. Monsieur est mon client,

LE PROFESSEUR DE CHAUSSON. Du tout ! c'est le mien !

LE PROFESSEUR DE BATON. Vous voulez m'enlever mes pratiques ?

LE PROFESSEUR DE CHAUSSON. Me voler mes élèves ?

LE PROFESSEUR DE BATON. Insolent !

LE PROFESSEUR DE CHAUSSON. Paltoquet !

LE PROFESSEUR DE BATON. Vous m'en rendrez raison !

LE PROFESSEUR DE CHAUSSON. Vous aurez affaire à moi !

GOBEMOUCHE. Allons, bon !... les voilà qui vont se battre !

LE PROFESSEUR DE CHAUSSON. En garde !

LE PROFESSEUR DE BATON. Pare-moi cette botte ! (Gobemouche reçoit un coup de bâton.)

GOBEMOUCHE. Aïe !

LE PROFESSEUR DE CHAUSSON. Pare-donc celle-là ! (Gobemouche reçoit un coup de pied.)

GOBEMOUCHE. Ah !... Ils vont se détruire ! (Le combat continue entre les deux professeurs ; Gobemouche reçoit tous les coups.)

GOBEMOUCHE. Arrêtez !... arrêtez !... je suis moulu !

LE PROFESSEUR DE BATON. Encore une leçon comme celle-ci, et vous serez en garde contre toute espèce d'attaque.

LE PROFESSEUR DE CHAUSSON. Vous n'aurez plus rien à redouter des voleurs.

UN QUIDAM, entrant. Des voleurs !... il n'y a plus de voleurs !

LES DEUX PROFESSEURS.

REPRISE DE L'ENSEMBLE.

AIR d'entrée.

C'est moi (*Bis.*)
Qui suis le roi ! etc.

(Ils sortent chacun de son côté.)

SCÈNE VIII.

GOBEMOUCHE, LA REVUE, LE QUIDAM.

GOBEMOUCHE. Enfin !.... ils sont partis... ouf !... Mais, pardon, vous disiez ?

LE QUIDAM. Je disais, Monsieur, qu'il n'y a plus de voleurs.

GOBEMOUCHE. Vraiment ?...on les aurait supprimés ?...

LA REVUE. Oui, grâce à la nouvelle ordonnance qui triple le nombre des sergents de ville.

LE QUIDAM.

AIR : Vaudeville de l'homme vert.

Désormais, vous pouvez m'en croire,
La profession de filou

Est complètement illusoire,
Pas moyen d'y gagner un sou.
Grâce à l'ordonnance parue,
C'est un fait aujourd'hui prouvé,
On n' voit plus d' voleurs dans la rue...
Depuis qu'ils sont sur le pavé.

GOBEMOUCHE. Ah ! j'en suis bien aise.

LE QUIDAM. On ne peut plus être volé maintenant que par la télégraphie privée.

GOBEMOUCHE. Fort bien ; mais puis-je savoir à qui j'ai l'honneur ?

LE QUIDAM. Vous voyez un infortuné sans emploi. Je cherche une place de confiance.

GOBEMOUCHE. (A part.) Il a l'air d'un parfait honnête homme. (Haut.) Et quel genre de place désirez-vous ?

LE QUIDAM. La première venue... pourvu qu'elle soit bonne ! Caissier, par exemple.

GOBEMOUCHE, Caissier ?

LE QUIDAM. Vous arrivez à Paris ; vous avez sans doute des fonds à garder ?

GOBEMOUCHE. En effet, j'ai quelques fonds.

LE QUIDAM. Je m'en chargerais volontiers.

GOBEMOUCHE. Avez-vous des répondants ?

LE QUIDAM. Oui, Monsieur, en France et même à l'étranger; on peut prendre des informations sur moi, à Brest, à Toulon et à la Guyanne.

GOBEMOUCHE. Ah ! vous avez là des amis planteurs ?

LE QUIDAM. Oui, j'y ai des amis en plan.

GOBEMOUCHE. Et vous avez été employé vous-même dans ces différentes résidences ?

LE QUIDAM. Cinq ans dans chaque.

GOBEMOUCHE. C'est bien, je réfléchirai ; donnez-moi toujours votre adresse.

LE QUIDAM. Rue Vide-Gousset. (Il lui enlève sa montre et se sauve.)

GOBEMOUCHE. Eh ! bien !... il se sauve. (Se fouillant.) Ah ! mon Dieu ! je n'ai plus ma montre !...... je suis dévalisé !...... Au voleur !..... au vol..... (S'arrêtant à la vue d'un homme qui est en train de coller une bande sur l'affiche de la foire aux plaisirs.) Tiens !... encore une bande sur l'affiche !

LA REVUE, lisant. « Le soleil s'étant montré, la fête aura lieu aujourd'hui. » Eh ! bien ! que vous disais-je de ses tergiversations !

GOBEMOUCHE. N'importe !... cette nouvelle me comble de joie ! Mettons-nous en route ! (Il va pour sortir, et il est arrêté par la foule qui entre.)

SCÈNE IX.

LA REVUE, GOBEMOUCHE, L'EXPOSITION DE 1855, ET SA SUITE.

CHŒUR.

AIR : Polka militaire.

Honneur, honneur à l'industrie !
Sur son passage empressons-nous,
C'est la gloire de la patrie,
Du monde entier le rendez-vous.

L'EXPOSITION.

Après ma sœur d'Angleterre,
Étalant plus d'un trésor,
Au printemps prochain, j'espère
A Paris briller encor.

CHŒUR.

Honneur ! honneur ! etc., etc.

GOBEMOUCHE. Quelle est cette belle femme que l'on entoure ?

L'EXPOSITION. Qui je suis, mon cher ? L'Exposition universelle de 1855.

GOBEMOUCHE. L'exposition de 1855 en 1854 ! Mais vous avancez !

L'EXPOSITION. Je vais activer les travaux de mon Palais de Cristal, dont les plâtres ne sont pas encore secs.

GOBEMOUCHE. Les plâtres de son Palais de Cristal ?

LA REVUE. Certainement ! son Palais de Cristal est en pierre de taille.

L'EXPOSITION. Et c'est lui-même un palais de taille.

GOBEMOUCHE. Et qu'elles sont les personnes qui composent votre cortége ?

L'EXPOSITION, montrant les personnages. La rue de l'Exposition, l'hôtel de l'Exposition, le journal de l'Exposition, le dîner de l'Exposition.

LA REVUE. Nous sommes condamnés à l'exposition.

GOBEMOUCHE. Et ce dîner, est-il en bonne exposition ?

L'EXPOSITION. La meilleure de toutes; auprès de l'Opéra, passage Laffitte. Pour l'établir, on a acheté un pâté de maisons.

GOBEMOUCHE. Ah ! on a acheté un pâté pour le dîner?

L'EXPOSITION. C'est un dîner qui enfoncera tous ses devanciers par le confortable et le grandiose. Les salles seront si vastes, qu'il est question d'y établir un chemin de fer avec embranchement... sur le poêle.

GOBEMOUCHE. Y aura-t-il une station au comptoir ?

L'EXPOSITION. Inutile ! attendu qu'on paiera en entrant.

GOBEMOUCHE. Cette marque de confiance honore le public.

L'EXPOSITION. De plus les consommateurs auront des chaises en été et des fauteuils en hiver

GOBEMOUCHE. Ah! bah!

AIR : Un homme pour faire un tableau.

Meubles d'hiver, meubles d'été!
De l'usage cela s'écarte.

L'EXPOSITION.

Oui, chez lui la variété
Se trouve ailleurs que sur la carte.
Chaque traiteur avec raison,
Profitant de ses privilèges,
Chang' les mets suivant la saison
Et lui ne change que les siéges!

LA REVUE. C'est une manière d'asseoir sa réputation.

L'EXPOSITION. Si vous désirez des actions elles sont de 25 francs chaque, donnant droit à cinq dîners, ou à une part dans les bénéfices.

GOBEMOUCHE. J'aimerais mieux les cinq dîners.

L'EXPOSITION, montrant d'autres personnages. Quant à ces messieurs, vous voyez en eux quelques-uns de mes futurs exposants, avec leurs produits. (A l'un d'eux.) Passez-moi ma chemise.

GOBEMOUCHE. Vous allez changer de linge!

L'EXPOSITION. Eh! non! on ne change plus de linge. Je vous demande à vous montrer ma chemise en caoutchouc, une des inventions les plus remarquables de l'année. Une chemise dont le tissu est à la fois si fin et si élastique, qu'on peut la porter sans inconvénient depuis l'enfance jusqu'à l'âge le plus avancé.

GOBEMOUCHE. Pardon! mais quand on grandit?

L'EXPOSITION. Elle grandit avec vous et se prête à toutes les variations de votre corpulence.

GOBEMOUCHE. Et vous la garantissez?..

L'EXPOSITION. Pour 150 ans.

GOBEMOUCHE. C'est une chemise de famille.

L'EXPOSITION. Nous avons aussi, en même tissu, des jabots, des manchettes et des mouchoirs garantis pour 25 ans, lorsque l'on ne prend pas de tabac.

GOBEMOUCHE. C'est parfait.

L'EXPOSITION, prenant une plume et la montrant. La plume magnétique, ayant le pouvoir d'adoucir le caractère le plus irascible.

GOBEMOUCHE. Une plume qui adoucit le caractère!

L'EXPOSITION. Je suppose qu'un intrus fasse la cour à votre femme.

GOBEMOUCHE. Ça ne serait pas délicat.

L'EXPOSITION.

AIR du Charlatanisme.

Saisi d'une juste fureur,
Soudain vous prenez cette plume,
Pour adresser au séducteur
Un cartel, suivant la coutume.
Le lendemain, le céladon,
Se pendant à votre sonnette,
Arrive...

GOBEMOUCHE.

Avec son espadon,
Pour se battre avec moi?...

L'EXPOSITION.

Mais non!..
Il vient pour manger un' côt'lette!

GOBEMOUCHE. Comment, une côtelette?

L'EXPOSITION. A votre insu, vous lui avez écrit une invitation à déjeuner, grâce à cette plume.....

GOBEMOUCHE. Qui d'un duel à l'épée...

L'EXPOSITION. A fait un duel à la fourchette.

GOBEMOUCHE. Quelle plume merveilleuse!

L'EXPOSITION. Seulement il faut éviter de s'en servir en temps d'orage.

GOBEMOUCHE. Et pourquoi?

L'EXPOSITION. Le magnétisme attirant le tonnerre, on risquerait d'être foudroyé.

GOBEMOUCHE. Bigre! je préfère la plume d'oie!

L'EXPOSITION. Maintenant, admirez mes lettres en relief.

GOBEMOUCHE. Permettez! cela n'est pas nouveau. J'en ai déjà vu.

L'EXPOSITION. En carton-pâte, en bois, et qui étaient sujettes à se détériorer, à tomber au moindre vent. Les miennes sont en fer galvanisé, et d'une solidité à toute épreuve. Voyez plutôt cette enseigne qui a été faite pour un un magasin de modes. (Elle montre un tableau qu'un exposant présente.)

GOBEMOUCHE, lisant. Magasin de Mad. Champeaux. Et vous dites que ces lettres sont solides?

L'EXPOSITION. Frappez! plus fort; ne craignez rien! (Gobemouche frappe : l'M de Madame et le P de Champeaux tombent.)

GOBEMOUCHE. Que vois-je!... magasin de chameaux! Mais c'est l'enseigne d'une ménagerie!

L'EXPOSITION. Passons aux merveilles de la crinoline.

GOBEMOUCHE. Oh! quant à la crinoline, vous ne me ferez pas avaler cela pour du neuf.

L'EXPOSITION. Parce que vous croyez qu'il s'agit simplement ici de ces modestes tournures employées jusqu'à ce jour par nos élégantes.

GOBEMOUCHE. Modestes!... elle appelle ça modeste!

L'EXPOSITION. Il appartenait à 1854 de trouver un perfectionnement, dont j'offre de vous donner un échantillon. Il n'est plus question d'une simple tournure, mais d'une parure complète en crinoline! (Au public.) Y aurait-il dans la société une dame très maigre?... Personne ne répond?... Alors, apportez-moi un manche à balai! (On apporte un manche à balai monté sur un plateau.)

L'EXPOSITION. Vous allez voir les prodiges que la crinoline peut opérer. (On place successivement sur le manche à balai une jupe à tournure exagérée; puis un corsage à formes rebondies, puis une tête coiffée d'un chapeau à la mode, et sur le tout on jette un châle.)

GOBEMOUCHE. Ah ! c'est incroyable !

ENSEMBLE.

AIR : Ah ! le bel oiseau maman.

Ah ! quel prodige étonnant !
Quel spectacle !
Quel miracle !
Ce changement
Surprenant
Est vraiment
Étourdissant.

L'EXPOSITION.

D'un simple bloc, Pygmalion
Fit une femme charmante.
Grâce à notre invention,
Un manche à balai vous tente.

GOBEMOUCHE, parlé. Que d'attraits !... c'est à s'y méprendre ! (Le manche à balai se met à marcher. Un jeune homme à la mode, qui passe en ce moment, s'approche et lorgne.)

LE DANDY. Oh ! la jolie femme !... je crois qu'il y a moyen ! (Il suit le manche à balai.)

REPRISE DE L'ENSEMBLE.

Ah ! quel prodige étonnant, etc.

(LE RIDEAU BAISSE.)

ACTE TROISIÈME.

QUATRIÈME TABLEAU.

Un salon. — Entrée principale au fond. — Des affiches de la Foire aux Plaisirs garnissent les murs.

SCÈNE PREMIÈRE.

LA REVUE, GOBEMOUCHE.

LA REVUE, entrant la première. Allons donc, mon cher Gobemouche; allons donc, suivez-moi !

GOBEMOUCHE. Voilà !... voilà !... c'est que vous me faites tant courir....

LA REVUE. Nous sommes arrivés : nous voici dans les bureaux de la Foire aux Plaisirs.

GOBEMOUCHE. Enfin !... ce n'est pas malheureux.

LA REVUE. Et tenez ! la voici elle-même !

SCÈNE II.

LES MÊMES, LA FOIRE-AUX-PLAISIRS.

LA FOIRE-AUX-PLAISIRS.

AIR : De la Corde sensible.

Le plaisir est la loi du monde;
Petits ou grands, c'est le plaisir
Que vous cherchez tous à la ronde;
Bien heureux qui peut le saisir !
Voyez la grisette à l'ouvrage :
Quel est son but, son refrain, son désir?
C'est le plaisir !
C'est lui que, loin de son ménage,
Sans l'approcher,
Souvent en va chercher !
Le plaisir est la loi du monde,
Etc., etc., etc.
Au bal, que rêve la coquette,
Et l'employé pour ses jours de loisir ?
C'est le plaisir !
Bien cher plus d'un plaisir s'achète :
Moi, pour cent sous,
Je vous les offre tous !

(Parlé). Oui, Mesdames et Messieurs, tous ! Plaisir de la danse, plaisir de la table, plaisir des yeux et de l'odorat ; moi, la Foire-aux-Plaisirs, j'ai fondé une société en commandite pour l'exploitation des plaisirs de la capitale, au capital de cent mille mirlitons.

GOBEMOUCHE. Cent mille mirlitons !

REPRISE DE L'ENSEMBLE.

Le plaisir est la loi du monde !
Etc., etc.

GOBEMOUCHE. Eh ! vite; prenons mon billet !

LA FOIRE-AUX-PLAISIRS. Monsieur désire un billet ? Est-ce un billet simple ?... un billet de famille ?... un tête-à-tête ?

GOBEMOUCHE. Un tête-à-tête ?

LA FOIRE-AUX-PLAISIRS. Nous appelons ainsi les billets de deux personnes.

GOBEMOUCHE. Non, merci, je suis seul, vu que j'ai égaré ma femme. Serait-elle, par hasard, venue prendre un billet ? L'auriez-vous vue?... Une dame d'une certaine taille, d'un certain âge et d'un certain embonpoint.

LA FOIRE-AUX-PLAISIRS. Attendez ; une dame avec...

GOBEMOUCHE. Avec un serin?

LA FOIRE-AUX-PLAISIRS. Non, avec un jeune homme.

GOBEMOUCHE. Ce n'est pas bobonne.

LA REVUE. Encore une fois laissez la bobonne; vous la retrouverez à Asnières.

GOBEMOUCHE, qui a pris et payé son billet. Alors, partons.

LA REVUE. Un moment! et votre mission! Il vous reste encore bien des choses à voir.

GOBEMOUCHE. Quoi donc?

LA REVUE. Les succès dramatiques de l'année.

GOBEMOUCHE. Allons bien!... vous voulez maintenant me conduire dans les théâtres.

LA FOIRE-AUX-PLAISIRS. Rassurez-vous; ils vont venir ici.

GOBEMOUCHE. Comment!... chez Madame? chez la Foire-aux-Plaisirs? Qu'y a-t-il de commun entre le plaisir et les théâtres?

LA FOIRE-AUX-PLAISIRS. Voilà: avez-vous entendu parler des 500 *Diables* de la Gaîté?

GOBEMOUCHE. Non, pas plus que de la gaîté des 500 diables.

LA FOIRE-AUX-PLAISIRS. Sachez donc que, dans les 500 diables, il y a un diable...

GOBEMOUCHE. Un seul diable, dans les 500 diables? Il n'y a pas même les quatre au cent!

LA FOIRE-AUX-PLAISIRS. Je vous parle de Belphégor, un diable dont la queue est un précieux talisman.

GOBEMOUCHE. Je vous écoute avec intérêt.

LA FOIRE-AUX-PLAISIRS. Eh! bien, j'ai fait annoncer dans tout Paris que le premier numéro sortant à ma tombola de ce soir gagnerait ce talisman.

GOBEMOUCHE. Après?

LA FOIRE-AUX-PLAISIRS. Comment, après? qu'est-ce que les théâtres désirent le plus au monde? Avoir une queue!

LA REVUE. Une queue du diable!

GOBEMOUCHE. C'est vrai!

LA FOIRE-AUX-PLAISIRS. Donc, vous êtes sûr que, dans l'espoir de gagner le talisman, vont accourir ici tous les théâtres.

SCÈNE III.

LES MÊMES, TITI.

TITI. Les théâtres? qui qu'a parlé des théâtres? Mais, j'en suis, moi, des théâtres!

LA FOIRE-AUX-PLAISIRS. Toi, gamin?

TITI. Oui, moi, titi! Vous ne connaissez pas titi? le titi des boulevards?... Oh! eh! titi, oh! eh!

GOBEMOUCHE. Et tu dis que tu tiens aux théâtres?

TITI. Je crois bien! Ça ne marcherait pas sans moi. C'est moi que je fais tous les succès.

LA REVUE. Ah! je comprends, tu es enrolé parmi les... (Elle fait le geste d'applaudir.)

TITI. Claqueur?... Plus souvent! J'ai un poste plus élevé... au paradis. Je suis préposé aux bouquets.

GOBEMOUCHE. Aux bouquets?

TITI. Oui, vieux chauve; je suis honoré de la confiance des directeurs, des auteurs, des acteurs et des mamans d'actrices. Faut me voir les jours de première comme on m'idole, comme on me cajole et comme les contrôleurs me parlent avec respect et considération. « Mon contrô- » leur, y a-t-il une troisième pour Titi? — » C'est toi, gamin; allons passe, et soigne-nous » ça. » J'opère mon ascension, je me blottis dans un coin, tout près des avant-scènes, et je me bourre de marrons pendant toute la pièce.

GOBEMOUCHE. Comment, tu te bourres?...

TITI. Eh! oui! Je fais le mort en attendant ma réplique, la roulade, la gambade, la grrrande tirade. Et au bon moment, pif!.. paf!... je lance mes bouquets! C'est une averse, un torrent, un déluge!... J'en jette sur le théâtre, sur le souffleur, sur la rampe, et le public n'y voit que du feu.

GOBEMOUCHE. Mazette! comme il comprend l'article.

TITI.

AIR : Vive le Roi.

Des bouquets,
Oui, des bouquets,
J'en jette des paquets.
Des bouquets (*Bis*)
Voilà ma devise!
Ils sont quéqu'fois bien roquets,
Mais ça passe aux quinquets,
Et sans craint' des caquets
J'lanc' ma marchandise!
Des bouquets (*Bis*)
Fanés, frais, laids ou coquets,
Des bouquets (*Bis*)
J'en ai des paquets!
Cell'-ci chante des couplets,
D'un bouquet je la poignarde.
Cell'là montre ses mollets,
V'l'an! soudain je la bombarde!
Avec mes fleurs j'applaudis,
Chacun est mon tributaire.
Sur la scèn' du paradis
Je fais pleuvoir... un parterre!

(Parlé) Aussi, faut les entendre en sortant: « Dis donc, ma femme, as tu vu ces bouquets? » Qué triomphe! qué succès! » Et c'est moi qui rigole!

REPRISE.

Des bouquets,
Etc., etc., etc.

J'connais plus d'un p'tit secret;
Mais, halte-là! Je me pique
D'être fidèle et discret
Pour le client, la pratique.
Au galant, au séducteur
J'offre un Figaro modèle;
Mes bouquets en bonne odeur
Le mettent près de sa belle.

(A Gobemouche, parlé.) Une supposition que vous êtes toqué.

GOBEMOUCHE. Hein ! comment toqué !

TITI. Toqué d'une actrice, d'une danseuse, quoi ! Vous venez trouver Titi. — Compris, mon bourgeois ! S'agit d'un bouquet ? c'est 40 sous que ça vous coûtera. Je lance le projectile ! la belle est touchée. Vous l'attendez à la porte, les pieds dans la crotte, et, à la fin du spectacle, vous la voyez monter en mylord avec un Anglais. Et c'est moi qui rigole !

REPRISE.

Des bouquets,
Etc., etc., etc.

VOIX EN DEHORS. Des billets !.. des billets !

LA FOIRE-AUX-PLAISIRS. Voilà la foule qui arrive.

TITI. Ce sont les théâtres ! je les reconnais ! Entrez, mes amis, entrez !

SCÈNE IV.

LES MÊMES, SCHAMYL, Mme DE MAINTENON, LOUVOIS, LE CABARET DU POT-CASÉ, LES AMOURS MAUDITS, puis LA NONNE SANGLANTE, puis L'ÉTOILE DU NORD et LE MULETIER DE TOLÈDE (personnage de la Reine).

CHOEUR.

AIR du Marché de la Muette.

Accourons, pauvres délaissés,
Succès passés et trépassés,
Tâchons de gagner le trésor,
Le talisman de Belphégor.

GOBEMOUCHE. Quels sont ces personnages ?

TITI. Attendez, je vais vous expliquer ça. Je leur en ai assez jeté de ces bouquets.

GOBEMOUCHE. Ah ! ils ont eu de grands succès ?

TITI. Oui, de grands succès... de bouquets. D'abord, voici Schamyl.

GOBEMOUCHE. Ah ! ah ! Schamyl ? le héros du Caucase.

TITI. Et une pièce un peu *cocase*... du théâtre de la Porte-Saint-Martin.

GOBEMOUCHE. Tiens ! je croyais que c'était une pièce du Cirque.

TITI. Ah ! farceur ! je sais bien pourquoi vous dites ça. C'est parce que, quand on voyait Schamyl, on se croyait en *cirque... assis* !

GOBEMOUCHE. Et ces deux là qui se regardent en chiens de faïence ?

LA REVUE. Autre succès du même théâtre.

LA FOIRE-AUX-PLAISIRS. Le *Comte de Lavernie*.

TITI. Dans cette dame au noble maintien, vous voyez maintenant Madame de Maintenon qui cherche à se maintenir.

GOBEMOUCHE. Et sera-t-elle maintenue ?

TITI. Oui, malgré Louvois qui louvoie pour garder sa place.

GOBEMOUCHE. Ah ! oui, je comprends ; il voudrait garder la place... Louvois.

TITI. Mais il ne gardera pas longtemps sa place... sur l'affiche !

LA REVUE. Approchez, beau garde-française.

GOBEMOUCHE. D'où sort-il celui-là ?

TITI. Du cabaret du *Pot cassé*.

GOBEMOUCHE. Le pot cassé ! et comment s'est-il cassé ?

TITI. Eh ! pardine !... en tombant.

GOBEMOUCHE. A propos du Vaudeville, j'ai entendu parler d'une certaine Eva. Eh ! bien, et Eva ?

TITI. Nouie !

GOBEMOUCHE. Comment... nouie ?

TITI.

AIR : Des Fraises.

On faisait pour cette Eva,
Une mousse inouie ;
Mais enfin parut Eva,
Et crac !... Eva s'est éva-
Nouie ! (*Ter.*)

GOBEMOUCHE. Mais en revanche les maris me font toujours rire.

LA FOIRE-AUX-PLAISIRS. Oh ! pas toujours.

TITI. Les *Amours maudits* du théâtre de l'Ambigu. Une pièce joliment intéressante. Deux pauvres agneaux, deux malheureux amants persécutés par un père barbare.

GOBEMOUCHE. Vraiment ? Et sous quel prétexte ?

TITI. Figurez-vous que ce père est assez ridicule pour vouloir empêcher son fils d'épouser la sœur d'un galérien.

GOBEMOUCHE. Mais je trouve qu'il a parfaitement raison.

TITI. Eh bien ! Monsieur, on l'agonit pendant toute la pièce.

GOBEMOUCHE. Ma foi, vos amours maudits me font l'effet d'être de maudits amours. (On entend un coup de tam tam).

GOBEMOUCHE. Qu'est-ce que c'est que ça ?

TITI, récitatif.

C'est la Grande Opéra, c'est la nonne sanglante,
Pièce très sanglotante... et surtout embêtante.

GOBEMOUCHE. La Nonne sanglante !

LA FOIRE-AUX-PLAISIRS. Un tour sanglant de l'Opéra. (Musique lugubre à l'orchestre. La nonne sanglante s'avance lentement. Elle est tout en blanc. Sur le côté gauche du corsage se trouve un gros cœur en drap rouge, percé d'une flèche. Elle tient de la main droite un couteau de cuisine et de l'autre une lampe carcel allumée et recouverte d'un abat-jour vert.)

GOBEMOUCHE. Ah ! quelle figure mélodramatique !

LA REVUE. Ce n'est pas étonnant, c'est un vieux mélodrame.

LA NONNE (d'une voix sépulcrale et s'approchant de Gobemouche) :

A moi !
Toujours à moi !

GOBEMOUCHE. Qu'est-ce qu'elle me chante?

TITI. C'est qu'elle vous prend pour Dodofe qui a eu la bêtise de lui donner son anneau.

GOBEMOUCHE. Son anneau?

TITI. Eh! oui, l'anneau qui fait la chaîne de la pièce.

LA NONNE, d'une voix sépulcrale.

Paix!... Paix
Au tombeau!
Paix! Paix! Paix!...

GOBEMOUCHE. Hein! qu'est-ce qu'elle dit?

TITI. Elle réclame la paix.—Elle dit : Paix!

GOBEMOUCHE. Quelle paix de nonne!

LA REVUE. Passons à quelque chose de moins tragique.

TITI. L'opéra-Comique et le Théâtre-Lyrique.

GOBEMOUCHE. Tiens! ils se donnent le bras.

LA REVUE. Depuis qu'ils ont le même directeur

GOBEMOUCHE. Ah! bah! un seul directeur pour deux théâtres.

TITI. Oui, directeur pour deux, pièces pour deux, chanteurs pour deux!

GOBEMOUCHE. Et ont-ils aussi du public pour deux?

LA REVUE. Quelque fois.

LA FOIRE-AUX-PLAISIRS. Quel est ce joli petit trompette?

LA REVUE. Un des trompettes de *l'Etoile du Nord.*

TITI. Ah! le fait est qu'on a embouché pas mal de trompettes pour c'est opéra-là.

GOBEMOUCHE. Pourriez-vous nous chanter quelque chose?

LA FOIRE-AUX-PLAISIRS. Oh! c'est de la musique trop savante; ça ne se chante pas.

LA REINE, s'avançant. Alors, je vous recommande la mienne.

GOBEMOUCHE. Seriez-vous *la Promise*?

LA REINE. *La Promise*! Fi donc! une pièce où il n'était question que de chapeaux!

GOBEMOUCHE. Ça devrait être un sujet retapé.

LA FOIRE-AUX-PLAISIRS. C'était un peu vieux par le fond.

TITI. Mais ça brillait par la forme.

LA REINE. Je suis plus nouvelle.... le dernier et le plus grand succès du Théâtre-Lyrique : le Muletier de Tolède.

TITI. Compris! c'est la reine d'Espagne.

LA REINE. Moi! une reine? allons donc!

AIR : du Muletier de Tolède.

Je ne suis qu'une paysanne,
Je n'ai ni flatteurs, ni valets
Et jamais mon humble cabane
Ne peut se changer en palais.
Non, non, jamais,
Je le promets,
Non, jamais!
Ah! si j'avais une couronne
Et si quelque mal avisé
S'avisait de viser au trône,
Son fait serait bientôt toisé.
Je lui dirais : J'ai l'âme tendre,
Mais je tiens fort à mes effets.
Et d'abord je le ferais pendre,
Quitte à lui pardonner après.
Mais....

TOUS.

Mais?

LA REINE.

Mais....
Je ne suis qu'une paysanne,
Etc., etc., etc.

GOBEMOUCHE. Ah! j'y suis! c'est qu'elle se déguise.

LA REVUE. Comme dans les *Diamants de la Couronne.*

LA REINE. Ah! c'est bien différent! Dans les *Diamants de la Couronne*, c'est une reine de Portugal, tandis que, dans *le Muletier*, c'est une reine d'Espagne. Et puis, l'autre reine se déguise pour avoir des diamants, et moi, je me déguise pour avoir un mari.

GOBEMOUCHE. C'est moins précieux.

LA REINE Ce qui n'empêche pas ma musique de faire carillon.

AIR : du Muletier de Tolède.

De bravos quelle furie
Et de cloches quel renfort!
Apprenez-moi, je vous prie,
Qui l'on applaudit si fort.
Est-ce uniquement l'ouvrage
Et son parfum espagnol?
Non, c'est le gracieux ramage
De notre gentil rossignol.
Ah! quelle voix charmante!
Dit chacun quand il chante.
Ah! quelle voix charmante!
En avant, sonnez donc!
Dig, don!
Dig, dig, don,
Sonnez, faites carillon!
Dig, don!
Dig, dig, don!
Sonnez même le bourdon!
Bom, bom!
Allons, faites carillon!

TOUS, criant. Des billets! des billets!

GOBEMOUCHE. Oui, je comprends qu'ils soient pressés de gagner la queue de Belphégor.

LA FOIRE-AUXP-LAISIRS. Suivez-moi!

TITI. Prrenez vos billets!... Prrenez vos billets!

REPRISE DU CHOEUR D'ENTRÉE.

Accourons pauvre délaissés,
Etc., etc., etc.

(Ils sortent par le côté avec Titi et la Foire-aux-Plaisirs.)

SCÈNE V.

LA REVUE, GOBEMOUCHE, FLAMINIO.

(Premier costume de Flaminio au prologue.)

FLAMINIO entrant en chantant :

Dansez, pêcheur napolitain,
En vous fichant du lendemain ;
Dansez pêcheur napolitain
Comme un véritable goussepin !

GOBEMOUCHE. Ah ! mon Dieu !... quel est ce sacripant ?

LA REVUE. C'est Flaminio du Gymnase.

FLAMINIO, imitation. Que votre seigneurie se tranquillise. Je ne crois pas avoir l'air d'un va-nu-pieds.

GOBEMOUCHE. Ma foi si, un peu.

FLAMINIO. Belle tête, Monsieur ! heureuse physionomie ! chic italien s'il en fut. Prestance avantageuse et pétrie de grâces. Considérez moi un peu la plastique. (Il se pose.)

GOBEMOUCHE. C'est ma foi vrai !... Il a une tête de modèle.

FLAMINIO. Je l'ai été. J'ai tout été dès mon âge le plus tendre. Tel que vous me voyez, je joue de tous les instruments depuis l'orgue d'église jusqu'à l'orgue de Barbarie. Je sais l'espagnol, le grec, le latin, le chinois et même un peu de bas-breton. Je sais faire des tragédies et étamer les *castrolles*. Je sais la physique, la botanique, la gymnastique, la politique, l'arithmétique, la mécanique, le cosmétique et toute la boutique ! Attendez !... J'ou lie quelque chose : je sais boire, manger, dormir, danser sur la corde raide, extirper les corps sans douleur; je suis homme de belles manières et j'imite dans la perfection le cri du cochon de lait.

GOBEMOUCHE. C'est prodigieux ! Et où avez-vous appris tout cela ?

FLAMINIO. Je n'ai rien appris. Je sais tout de naissance, même faire la queue aux douaniers.

GOBEMOUCHE. Vous faites la contrebande ?

FLAMINIO. Et des femmes.

GOBEMOUCHE. Contez-nous donc ça.

FLAMINIO. Un jour, je rencontre dans les montagnes un lion... de Paris, manquant de cigares. Je lui en donne un. Il m'offre trois sous... pour mes besoins. Je refuse noblement. Alors, il m'offre sa valise remplie d'habits neufs.

GOBEMOUCHE. Vous refusez de plus belle !

FLAMINIO. J'accepte ! oh ! du linge !... des faux cols, des chaussettes ! que c'est bon.... quand on n'en a pas l'habitude ! Au bout d'un moment, je reviens dans une tenue des plus chiquées. Alors mon jeune homme me présente comme un marquis de ses amis.

GOBEMOUCHE. Un marquis ? mais c'est un conte.

FLAMINIO. Oui, c'est un conte de Lafontaine. (Reprenant). Enfin, il me présente à deux dames de la haute, des Anglaises dont une pour rire.

GOBEMOUCHE. Comment ! une Anglaise pour rire ?

FLAMINIO. Pour rire dans la pièce. Bigre, me dis je, voici l'instant d'avoir bon ton.

LA REVUE. Sans doute, en présence de femmes distinguées...

FLAMINIO. Je me conduis avec elles comme un savoyard ; je dis des bêtises à la vieille, et je lâche une déclaration à la jeune.

GOBEMOUCHE. Elles se fâchent ?

FLAMINIO. Au contraire, on me trouve charmant. La petite a un coup de soleil pour moi, et sa belle-sœur me propose de m'adopter pour son fils.

GOBEMOUCHE. En v'là une idée !

FLAMINIO. Ça me donne une existence assurée, une position honorable...

GOBEMOUCHE. Vous vous hâtez d'accepter ?

FLAMINIO. Je refuse.

LA REVUE. Eh ! bien, alors qu'est-ce que vous devenez ?

FLAMINIO. Je loue un atelier de peinture.

GOBEMOUCHE. Et vous faites des tableaux ?

FLAMINIO. Non, je fais des polichinelles.

LA REVUE. Des polichinelles ?

FLAMINIO. Oui, des polichinelles et des pots.

GOBEMOUCHE. Des pots aussi !

FLAMINIO. Etant né sur le Pô, je passe mes jours et mes nuits à confectionner des pots. Je fais des pots, de jour ; et je fais des pots, de nuit.

GOBEMOUCHE. Et vos amours que deviennent-ils ?

FLAMINIO. Vous sentez bien que la veuve d'un pair d'Angleterre ne peut pas venir chez un garçon, un rapin.

LA REVUE. Ça serait inconvenant.

FLAMINIO. Elle y vient !

GOBEMOUCHE. Ah ! bah !

FLAMINIO. Là, je lui tiens des discours éthérés devant la belle-sœur qui met ses lunettes pour ne pas entendre.

GOBEMOUCHE. Alors il ne vous reste plus qu'à vous marier ?

FLAMINIO. C'est ce nous ferions sans un tambour de basque, celui d'une petite italienne qui m'a suivi à Paris.

GOBEMOUCHE. Ah ! voilà un tambour de basque qui tombe des nues.

FLAMINIO. Je n'aurais qu'un mot à dire à ma grande dame pour lui prouver mon innocence.

LA REVUE. C'est clair !

GOBEMOUCHE. Et ce mot ?

FLAMINIO. Je ne le dis pas.

GOBEMOUCHE. Ah ! ça, mais, mon cher, vous agissez toujours en dépit du bon sens.

FLAMINIO. Ecoutez donc, il fallait bien un 3me acte.

GOBEMOUCHE. Eh ! bien, voyons, ensuite, qu'arrive-t-il ?

FLAMINIO. Dans mon désespoir de notre brouille, je prends un parti violent.

GOBEMOUCHE. Malheureux !... vous vous jetez à l'eau?

FLAMINIO. Non ! je me fais ingénieur.

GOBEMOUCHE. Comment, ingénieur ?

FLAMINIO. Tout homme ingénieux est naturellement ingénieur. Il n'y a qu'une lettre à changer.

GOBEMOUCHE. C'est vrai.

FLAMINIO. Une fois ingénieur, je deviens un homme de génie. Je passe en Égypte. Je rase des montagnes, je dessèche la mer Rouge, on m'enrichit, on me décore, toujours en Égypte. Enfin, je reviens en Europe ; et mon Anglaise, âme d'élite, qui m'avait aimé uniquement parceque j'étais pauvre, s'empresse de m'épouser dès qu'elle me voit millionnaire.

GOBEMOUCHE. Tenez, mon bon ami, je vais vous donner un conseil : allez vite prendre un billet et tâchez de gagner la queue.

LA REVUE. C'est ce qu'il a de mieux à faire.

FLAMINIO, chantant.

Dansez, pêcheur napolitain,
Etc., etc.

(Il sort par le côté. On entend un bruit de clarinettes et de grosse caisse jouant l'air : Où peut on être mieux ?)

GOBEMOUCHE. Quel est ce bruit de grosse caisse ? qu'est-ce ?

LA REVUE. C'est l'Odéon qui a mis à la loterie allemande et qui a gagné le gros lot.

GOBEMOUCHE. Comment ça ?.

LA REVUE. Par sa traduction de *la Conscience*.

GOBEMOUCHE. La conscience ?

LA REVUE. Superbe pièce en deux pièces et une infinité de fauteuils.

GOBEMOUCHE. Pourquoi ce luxe de mobilier ?

LA REVUE. Parce qu'à chaque scène le héros de la pièce éprouve le besoin de s'évanouir. Attention ! le voici. (La Revue et Gobemouche s'asseyent sur un des côtés du théâtre.)

SCÈNE VI.

GOBEMOUCHE, LA REVUE, EDOUARD, puis CRÉTIN.

ÉDOUARD, entrant et fermant la porte avec violence. (Imitation.) Allez vous en au diable !

GOBEMOUCHE à LA REVUE. Il n'a pas l'air de bonne humeur.

LA REVUE. C'est qu'il a joué et perdu.

ÉDOUARD, appelant. Crétin !

LA REVUE à GOBEMOUCHE. Crétin, c'est son domestique, une vieille tête de choucroute qui ne le quitte jamais.

CRÉTIN, entrant avec un fauteuil. Monsieur a sonné?

ÉDOUARD. Crétin, pourquoi a-t-on laissé entrer toute cette canaille ?

CRÉTIN. Hélas ! Monsieur, cette canaille, ce sont vos créanciers.

ÉDOUARD. Et que demandent-ils ?

CRÉTIN. Ils demandent de l'argent.

ÉDOUARD. Donne-leur des coups de pied quelque part.

CRÉTIN. Bien, Monsieur. (Il sort.)

ÉDOUARD, seul.

Tu peux me faire perdre, ô fortune ennemie !...
Mais me faire payer .. morbleu, je t'en défie !

GOBEMOUCHE A LA REVUE. Ah ! ça, mais c'est du Regnard qu'il nous débite là ! il touche au *Joueur* de Regnard.

LA REVUE. Oui, il y touche un peu.

CRÉTIN, rentrant avec un second fauteuil. Monsieur, j'ai distribué les à-comptes.

ÉDOUARD. Et ces drôles sont partis?

CRÉTIN. Oui, Monsieur, en se frottant....

ÉDOUARD. Les mains ?

CRÉTIN. Non, les reins.

ÉDOUARD. Enfin ! je vais donc respirer une seconde.

CRÉTIN. Minute !... ne respirez pas. Le pâtissier vient d'envoyer ce papier.

ÉDOUARD. Un papier timbré ?

CRÉTIN. S'il y a du bon sens d'aller faire tant de consommation !

ÉDOUARD. C'était pour régaler celle que j'aime, la comtesse de Canicheberg.

CRÉTIN. Et en attendant, on va vous mettre à Clichybourg.

ÉDOUARD. Damnation! malédiction! vexation!

CRÉTIN.

.....Monsieur, c'est une lettre
Qu'entre vos propres mains.....

ÉDOUARD, prenant la lettre. Encore ! c'est du baron. (Lisant.) « Jeune homme, je vous ai refait de cinq francs cette nuit à la mouche. Vous aviez promis de me les envoyer ce matin à 9 heures Il est 9 heures 7, et je n'ai rien reçu. Veuillez me faire remettre sur-le-champ ladite somme chez la comtesse de Canicheberg où je suis invité à casser le cou à un hareng-saur. » Chez elle!... chez la Canicheberg ! Ah! j'aurais dû me méfier de l'affaire d'hier !... Mais si je ne le paie pas, elle va me blaguer ! Eh ! c'est le dernier coup ! (Il tombe sur un fauteuil que lui avance Crétin.) Il faut que je paie !

CRÉTIN. Comment ferez-vous, puisque vous n'avez pas de monnaie ?

ÉDOUARD. Si fait ! j'en ai ! (Il entre à gauche.)

GOBEMOUCHE, à *la Revue*. Où va-t-il donc ?

LA REVUE. Dans la caisse de son père, le receveur des contributions de l'endroit.

ÉDOUARD, revenant. Crétin !

CRÉTIN. Monsieur? Ah! comme vous êtes pâle !

ÉDOUARD. Tu crois que si je paie le baron elle ne me blaguera pas ?

CRÉTIN. Non, Monsieur,

ÉDOUARD. Très bien!... (Revenant.) Crétin !

CRÉTIN. Monsieur ?

ÉDOUARD. On peut bien voler de l'argent dans une caisse sans, pour cela, être un filou ?

CRÉTIN. Oh ! oui, Monsieur.

ÉDOUARD. Attends ! (Il entre à gauche.)

GOBEMOUCHE. Si je comprends un mot à tout ce manége !

ÉDOUARD, revenant avec un gros sac. Crétin !

CRÉTIN. Monsieur ? Ah ! vous êtes encore plus pâle !

ÉDOUARD, lui donnant le sac. Tiens, prends va, cours, paye ! et excuse-moi si je n'ai que des gros sous. (Crétin sort par le fond en courant, Edouard tire un petit miroir de sa poche et se regarde.)

ÉDOUARD. C'est vrai ! il avait raison ! je suis pas mal pâle. (Il se laisse tomber sur un fauteuil et se met du rouge aux pommettes.)

GOBEMOUCHE. Deuxième fauteuil !

CRÉTIN, revenant avec une malle sur l'épaule et un sac de nuit à la main. Fait ! ah ! fait !

EDOUARD se relevant. Pourquoi cette malle, ce sac de nuit ?

CRÉTIN. Ah ! mon cher maître !

ÉDOUARD. Quoi donc ?

CRÉTIN. Votre papa...

ÉDOUARD. S'est...

CRÉTIN. Aperçu...

ÉDOUARD. Du...

CRÉTIN. Déficit !

EDOUARD. Et il me flanque...

CRÉTIN. A la porte !

ÉDOUARD. Ah ! (Il se laisse tomber sur un fauteuil.)

GOBEMOUCHE. Troisième fauteuil.

ÉDOUARD revenant à lui, et à Crétin. Mais toi ?

CRÉTIN. Moi, Monsieur, je pars avec vous.

ÉDOUARD. Crétin !.. mais je n'ai pas de gages à te donner... Je n'ai rien!

CRÉTIN. Pardon !.. Plusieurs personnes de la salle m'ont chargé de vous apporter leurs compliments.

ÉDOUARD. Ah ! Crétin !.. comme dit ma préface, on va loin avec de pareils rafraîchissements sur la route. Je reviendrai.. j'épouserai elle que j'aime.

CRÉTIN.

.....Monsieur, c'est une lettre
Qu'entre vos....

ÉDOUARD. Une lettre d'elle ! (Lisant.) Grand présomptueux. — J'ai un brouillard sur les yeux, achève. (Il donne la lettre à Crétin qui va pour lire.) Ah! pas avant moi! (Il se retourne.)

CRÉTIN, lisant, « Grand présomptueux... »« (S'arrêtant.) J'ai deux brouillards sur les yeux.. (Passant la lettre au souffleur.) Auriez-vous l'extrême complaisance?..

LE SOUFFLEUR, sortant de son trou. Volontiers. (Lisant.) « Grand présomptueux, j'ai reçu votre demande en mariage elle m'honore, mais vous m'embêtez.»

ÉDOUARD. La drôlesse !.. (Il se laisse tomber sur un fauteuil).

CRÉTIN. Monsieur ! les bras de votre père se dirigent de ce côté!

ÉDOUARD. Les bras de mon père ! (Deux grands bras sortent de la coulisse et se tendent vers Edouard, qui recule épouvanté.)

ÉDOUARD. Ah ! je suis maudit ! (Il reste accablé).

GOBEMOUCHE A LA REVUE. Comme dans le *Joueur* de la Porte Saint-Martin. Il touche au joueur de Ducange !

LA REVUE. Il touche à bien d'autres choses.

CRÉTIN. Partons, Monsieur.

ÉDOUARD. Partons !

CRÉTIN. Pas accéléré!

ÉDOUARD. Arrche! (L'orchestre joue l'air : Bon voyage M. Dumollet ; Edoaurd sort par le fond, suivi par Crétin, qui emboite le pas.)

LA REVUE. Fin de la première pièce.

GOBEMOUCHE. C'est palpitant !... Et dans la seconde, que se passe-t-il ?

LA REVUE. Vous allez le savoir.

GOBEMOUCHE. Maudit par son père, chassé, dénué de tout, ce jeune homme peu délicat doit être bien malheureux.

ÉDOUARD, entrant en dansant et en chantant l'air de la Monaco. Tra déri déra !.. (S'arrêtant et au public.) Quatre ans se sont écoulés ! J'ai changé de nom, d'habit et d'habitudes. J'occupe une position très élevée. Comment y suis-je parvenu ? La chose étant difficile à expliquer, l'auteur a jugé bon de n'en rien dire. Bref ! Le premier ministre du grand-duc de Vatfairfiche, charmé par mes petites moustaches, a fait de moi son favori, à la barbe de ses autres employés, trois vieilles perruques qui se trouvent rasées. Mais, ce qui me défrise, c'est d'être sans nouvelles de chez nous. J'ai toujours peur de voir arriver un cachet noir !

CRÉTIN, entrant.

Monsieur, c'est une lettre
Qu'entre vos....

ÉDOUARD. Une lettre !...

GOBEMOUCHE. Ah çà ! mais ce domestique est un vrai facteur.

ÉDOUARD, regardant la lettre et avec joie. Un cachet rouge ! Ah ! Crétin, que j'aime le cachet rouge ! Débouchons !... non ! décachetons !

CRÉTIN. Eh ! bien, Monsieur, quoi de neuf ?

ÉDOUARD. Mon père souffre de plus en plus de ses engelures.

CRÉTIN. Ah ! oui ! il a une patience d'ange !

ÉDOUARD. Et encore, je ne sais si jamais les anges.... l'eurent!

CRÉTIN. Monsieur, écrivez-lui que tout va bien, ça la calmera.

ÉDOUARD. Je ne puis écrire cela, Crétin.

CRÉTIN. Pourquoi?

ÉDOUARD. Parce que c'est une *gosse*.

CRÉTIN. Pourtant rien ne vous manque pour être heureux.

ÉDOUARD. Et la petite bougie que j'ai dans le cerveau?

CRÉTIN. Vous avez une petite bougie?

ÉDOUARD. Oui, tout homme a là... dans un coin de la tête, une petite bougie qui brûle pour lui seul, et qui lui fait voir trente-six chandelles. Une bougie que les quatre vents, soufflassent-ils à renverser tous les contrevents, tous les paravents et tous les auvents, ne parviendraient pas à éteindre. Cette bougie, c'est la conscience!

CRÉTIN. En voilà une lumière embêtante! mais enfin tout le monde ignore...

ÉDOUARD. Mais je sais, moi!... oh! je suis cousu de bonnes intentions! je m'aperçois qu'on carotte sur le tabac, j'ai vent que les haricots se vendent trop cher, que les blanchisseuses repassent leurs pratiques, que les herboristes font des mémoires d'apothicaires; je voudrais redresser tout cela; oui, mais le souvenir de ma platitude m'applatit, me tire par les cheveux, et j'entends une voix qui me corne aux oreilles: La caisse de ton père, misérable! la caisse de ton père!

CRÉTIN. Après cela, pour quelques moncerons que vous avez chippés.

ÉDOUARD. Ah! si je n'avais fait que cela!

CRÉTIN. Il y aurait autre chose?

ÉDOUARD. Une chose qui me jugule le jour, qui me cauchemarde la nuit.

CRÉTIN. Quoi donc?

ÉDOUARD. Je n'oserai jamais te le dire.

CRÉTIN. Eh!... bien, écrivez-le-moi.

ÉDOUARD. Oui, j'aime mieux ça! (Il va pour écrire.) Non... je préfère te le dire!

CRÉTIN. Enfin, monsieur, décidez-vous; la clé de cette énigme?

ÉDOUARD. La clé!.. malheureux! quel mot as-tu prononcé là! (Il tombe dans un fauteuil.)

GOBEMOUCHE. Bon!... encore un fauteuil.

ÉDOUARD. Ah!... si l'on savait ce qu'il en coûte pour cesser d'être vertueux, on ne verrait pas tant de méchants sur la terre!

GOBEMOUCHE. Mais j'ai entendu ça dans un vieux mélodrame!

CRÉTIN. Parlez, cher maître; qu'avez-vous fait?

ÉDOUARD. Ce que j'ai fait?... (Le prenant par le bras, et l'amenant sur le devant de la scène.) J'ai...

CRÉTIN. Achevez!

ÉDOUARD. J'ai volé la fausse clé de la Gaîté.

CRÉTIN, se voilant la face. Ah!

GOBEMOUCHE. La fausse clé..... Eh! oui!.... j'y suis!

CRÉTIN. Monsieur, la faute est grande, mais il n'est rien que le repentir n'efface. (On entend une musique douce; les deux grands bras sortent de nouveau de la coulisse.) Regardez!

ÉDOUARD. Les re-bras de mon père. (Les deux bras s'écartent.)

CRÉTIN. Ils s'ouvrent pour vous!

ÉDOUARD. Ah! je suis pardonné. (Il se précipite dans les bras.)

GOBEMOUCHE, se levant. Bravo... bravo!.... très bien!

ÉDOUARD, venant à lui. C'est ce que dit le public.

AIR : de Partie et revanche.

Aussi, ma vogue est sans égale,
Et tout Paris vient applaudir,
Chaque soir, la pièce morale
Que l'Odéon sut accueillir,
Et qui bientôt va l'enrichir.
Je sais qu'on m'accuse, et pour causes,
D'avoir volé plusieurs de mes effets;
Mais, si j'ai volé bien des choses,
Je n'ai pas volé mon succès!

(Il salue le public et sort avec Crétin qui emporte les deux fauteuils. Aussitôt, on entend chanter en dehors par un chœur):

Le vin à quat' sous, etc.

GOBEMOUCHE. Quel est ce refrain de pochards?

SCÈNE VII.

GOBEMOUCHE, LA REVUE, ROSEMONDE.

ROSEMONDE, se précipitant en scène d'un air égaré.

Oh! jamais!... non jamais! je n'ai pas soif, merci!
Qu'on amène Gannal et qu'on m'embaume ici,
Je ne toucherai pas à cette chope immonde!

(Du ton le plus naturel.)

Bonjour, Messieurs, c'est moi qu'on nomme Rose- (monde,
Et que l'on applaudit au Théâtre-Français;
Car, sans l'avoir voulu, je me trouve un succès.
Chez les anciens lombards mon action se passe,
Ce qui fait que, malgré ma diction, ma grâce,
Soit dit sans offenser M. de Saint-Ibars,
Mes vers sentent un peu le quartier des Lombards.
Pour lors défunt mon père était un roi Gépide.
(Le Gépide est un peuple intrépide et stupide).
Je suis pour le quart-d'heure esclave chez alboin,
Un roi qui se conduit comme un drôle, un sagouin.
Un jour, se rencontrant avec papa, — cet âne
Avait osé jurer qu'il boirait dans son crâne,
Et qu'il m'y ferait boire, assise à son côté,
Un grog qui par sa main me serait présenté.
O mon père, ô mon roi, sans respect pour ta houpe,
De ton crâne, à ta fille, on a fait une coupe!
Pour avoir inventé cet affreux gobelet,

Oh ! si chaque pensée était un pistolet,
Et que la haine fût une balle possible,
Je voudrais de ce gueux faire un tir à la cible!
Faute de ce moyen qui me conviendrait mieux,
(Quand on n'a pas de neuf il faut prendre du vieux),
Je me paie un vengeur... imité d'Andromaque.
Comme Oreste, Didier ne vaut pas une claque ;
Mais je plais à cet homme! Il perfore le roi,
Et, moi, je m'empoisonne on ne sait trop pourquoi.
En vain, de mon amour Didier rêvait l'étrenne.
En lui donnant le roi, je lui souffle la reine.
Car je songe à mon père et vais au Champ de Mars
Pour expirer auprès de ses membres épars.
Puis, prenant l'omnibus, nos ombres apaisées
Partent du Champ de Mars pour les Champs-Élysées.

(Après une pause.)

Tout cela, direz-vous, n'est qu'une atrocité.
J'en conviens ; mais enfin c'est si bien récité!
De plus, j'ai pour ce siècle, ennemi du compacte,
Le mérite bien grand de n'être qu'en un acte !

(On entend un coup de tam-tam.)

GOBEMOUCHE, effrayé. Ah! grand Dieu!... qu'est-ce que c'est que ça ?

SCÈNE VIII.

LES MÊMES, LA FOIRE-AUX-PLAISIRS ET TOUS LES THÉATRES, rentrant, puis BELPHEGOR.

CHOEUR.

AIR de Robert le Diable.

Quel bruit effroyable,
Quel vacarme affreux!
Serait ce le diable
Qui vient en ces lieux !

BELPHÉGOR, entrant par le fond.

Admirez ma mine,
Ma voix de stentor,
Que chacun s'incline
Devant Belphégor !

TOUS.

Quoi, c'est Belphégor!

BELPHÉGOR.

Succès incroyable !
Chaque soir on dit :
Quel esprit du diable,
Quel diable d'esprit!

REPRISE DU CHOEUR.

Quel bruit effroyable,
Quel vacarme affreux !
Eh! quoi! c'est le diable
Qui vient en ces lieux !

BELPHÉGOR. Oui, je suis le diable! Et je vous reconnais! Vous êtes de pauvres diables que mon succès fait donner au diable! Mais je vous envoie tous aux cinq cents diables!

TOUS. Retenons-le!

BELPHÉGOR. C'est mon talisman que vous voudriez m'enlever; mais j'ai le truc. J'ai même beaucoup de truc! Et cette queue, objet de votre envie......

TOUS. Eh! bien ?

BELPHÉGOR. Je la garde! (Il s'enfonce par une trappe au milieu des flammes.)

GOBEMOUCHE. Il s'enfonce !

FLAMINIO. Et nous sommes enfoncés !

LA FOIRE AUX-PLAISIRS. Eh! bien donc, pour vous consoler, suivez-moi à la Foire aux Plaisirs.

TOUS. A la Foire aux Plaisirs! (Tout le monde sort par le fond. — Changement.)

CINQUIÈME TABLEAU.

(Le théâtre représente le jardin de la Foire aux Plaisirs pendant un orage. On entend le vent, la pluie, le tonnerre. La foule se sauve de tous côtés en s'abritant sous des parapluies.)

SCÈNE IXe ET DERNIÈRE.

PROMENEURS, TOUS LES PERSONNAGES DE LA REVUE, puis GOBEMOUCHE, puis Mme GOBEMOUCHE, et enfin LA REVUE.

CHOEUR.

AIR : Finale d'André.

Ah! quel orage!
Ah! quel tapage!
De ces lieux il faut décamper.
Partons bien vite !
Prenons la fuite,
De peur de nous faire tremper!
Il pleut !
Sauve qui peut !

GOBEMOUCHE, accourant tout mouillé. Et pas de parapluie! Voilà donc les plaisirs de la Foire aux Plaisirs ! En fait de plaisir, on n'a ici que le plaisir du bain ; mais il est complet! Et bobonne, qu'est-elle devenue ?

Mme GOBEMOUCHE, entrant au bras d'un jeune homme qui l'abrite sous un parapluie rouge. Maudite averse! Je me serais tant amusée ici !

GOBEMOUCHE. Eh ! mais, je reconnais ce pépin rouge ouvert. (S'approchant.) Bobonne !

Mme GOBEMOUCHE. Ciel! mon mari!

GOBEMOUCHE. Répondez ! Madame ! Quel est ce Monsieur?

Mme GOBEMOUCHE. Un jeune homme charmant qui m'a offert son bras pour me protéger contre la foule.

GOBEMOUCHE. Bon! Encore un plaisir de la Foire-aux-Plaisirs ! Rendez-moi ce parapluie.. Et vous, Madame, partons!

LA REVUE entrant. Un moment donc, M. Gobemouche! Il vous reste à faire votre rapport sur 1854.

GOBEMOUCHE. Mon rapport!.. mon rapport!..

Si vous croyez que c'est facile ! J'ai vu tant de choses !

LA REVUE. Sans compter celles qui vous ont échappé.

GOBEMOUCHE. Ah ! bah ! ce ne serait pas tout ?

LA REVUE. En fait de nouveautés, quand il n'y en a plus, il y en a encore !

CHŒUR FINAL.

AIR :

Que de nouveautés !
Ce bas monde
En abonde !
Que de nouveautés
On voit de tous côtés !

MADAME GOBEMOUCHE.

C'est avec le sombrico
Qu'on se désaltère,
Moi, j'aime mieux le coco
A deux liards le verre !

CHŒUR.

Que de nouveautés
On voit de tous côtés !

LA REINE.

Paris craignait, quéqu' matin,
De manquer d'espace ;
On démolit tout, afin
De fair' de la place.

CHŒUR.

Que de nouveautés, etc.

BADIGEON.

Vers le Cirque, à pas pressés,
La foul' s'achemine;
Mais on a d' l'Afrique assez
Après Constantine.

CHŒUR.

Que de nouveautés, etc.

LE PROFESSEUR DE BATON.

L'Ambigu, fort attristé
Par mainte disgrâce,
Vient d' reprendre la gaîté
En r'prenant Paillasse.

CHŒUR.

Que de nouveautés, etc.

LA BIOGRAPHIE.

Chaqu' soir, au Cirqu', nous voyons
Un' femm' fair' des niches,
A des lions, oui, de vrais lions...
Gros comm' des caniches

CHŒUR.

Que de nouveautés, etc.

LA CRITIQUE.

D' l'homm' qui d'vait marcher sur l'eau
Manqua l'entreprise:
Il doit essayer d' nouveau
Dès qu' la Sein' s'ra prise.

CHŒUR.

Que de nouveautés, etc.

CRÉTIN.

D' tabac on fait des envois
Aux soldats d' Crimée ;
Mais on ne verra, je crois,
Qu la Russi' d'fumée.

CHŒUR.

Que de nouveautés, etc.

ROSEMONDE.

C'est à tort qu'on s'avisa
D'm'appeler Rosemonde ;
Il n'y a pas d' ros' dans tout ça
Et n'y a pas d' monde.

CHOEUR.

Que de nouveautés, etc.

ÉDOUARD.

On s'occup' fort en c' moment
D' potichomanie.
Moi, j' l'appell' tout bonnement
La cruchomanie.

CHŒUR.

Que de nouveautés, etc.

FLAMINIO.

Le czar, dans ses intérêts,
Cherche à mettr' la Prusse ;
Espérons qu'il s' met en frais
Pour le roi de Prusse.

GOBEMOUCHE, au public.

L'année attend mon rapport ;
Je n' sais que résoudre.
C'est à vous, en dernier r'ssort,
D' frapper ou d'absoudre.

LA REVUE.

Pour ses nouveautés,
Ses malignités,
Indulgence
Et clémence !
Sur chaqu' nouveauté,
Sans sévérité,
Qu' votre arrêt soit porté !

CHŒUR.

Pour ses nouveautés, etc., etc.

FIN.

Paris. — Imp. de Mme de Lacombe, rue d'Enghien, 14.

EN VENTE

AU MAGASIN DES PIÈCES DE THÉATRES ANCIENNES ET NOUVELLES.

Minuit ! ou un Arrêt du Destin, vaudeville en un acte.................... 20 c.
Le Chemin des Amoureux, vaudeville en deux actes.................... 40 c.
Paquette et Grivet, vaud. en un acte. 30 c.
Un Mari dans l'embarras, vaudeville en un acte.................... 30 c.
Les Violettes de Lucette, vaudeville en deux actes.................... 30 c.
Une Allumette entre deux feux, vaudeville en un acte.................... 30 c.
Les Hirondelles, vaud. en un acte.... 20 c.
Un Voisin de Campagne, vaudeville en deux actes.................... 30 c.
L'Argent par les Fenêtres, vaudeville en trois actes .... 30 c.
Le Porte-Drapeau d'Austerlitz, drame en un acte.................... 20 c.
Le Droit de Visite, vaud. en un acte... 20 c.
Un Doigt de Vin, vaud. en un acte.... 20 c.
Les Tirailleurs français, vaudeville en un acte.................... 20 c.
Viens, gentille Dame !... coméd.-vaud. en un acte.................... 20 c.
Une Nuit sur la scène, compte mal rendu, en deux scènes.................... 30 c.
Pendant l'Orage, d.-vaud. en un acte. 30 c.
Sur la Gouttière, com.-vaudeville en un acte.................... 20 c.
Après la Bataille, drame-vaudeville un acte.................... 20 c.
Le Raphael de la Courtille, tableau en un acte.................... 20 c.
Madame Flambart, vaud. en un acte... 20 c.
Chérubin, comédie en cinq actes et six tableaux, avec prologue.................... 60 c.
Un Papa charmant, com.-vaudeville en deux actes.................... 40 c.
La Perle du Régiment, vaud. en 1 acte. 20 c.
Chien et Chat, com.-vaud. en un acte. 30 c.
Un Mari tombé des nues, vaudeville en un acte.................... 20 c.
Les Balançoires de l'année, revue de 1852, en cinq actes dont deux entr'actes.................... 30 c.
Un Bal a Émotions, vaud. en un acte. 30 c.
Un Relais dans la Manche, vaudeville en un acte.................... 20 c.
Le Potager de Colifichet, vaudeville en un acte.................... 20 c.
La Petite Provence, vaud. en un acte. 20 c.
Le Carton vivant, vaud. en deux actes. 30 c.
Les Mémoires de ma Tante, com.-vaud. en un acte.................... 20 c.
La Fille du Hussard, com.-vaudeville en un acte.................... 20 c.
Les Orphelines du Faubourg, vaud. en trois actes.................... 30 c.
Une Femme qui s'ennuie, vaud. en trois actes.................... 30 c.
Marguerite et Bouton d'Or, vaud. en un acte.................... 30 c.
La Vieillesse d'une Grisette, vaud. en un acte.................... 30 c.
Un Gendre en Mi-Bémol, vaud. en un un acte.................... 30 c.
La Question d'Occident, à-propos, en un acte.................... 20 c.
Le Pêcheur Béarnais, V. en un acte.. 20 c.
Deux Tuiles, vaud. en un acte......... 20 c.
Pendu ou Marié, vaud. en un octe..... 20 c.
Le Violon du Père Dimanche, pièce en trois actes, mêlée de couplets........ 30 c.
A Coups de Baton, c. en. 1 m. de Ch. 20 c.
Le Forgeron de Greetna-Green, v. 2 a. 30 c.
La Mère Gigogne, revue-v. en 2 a. 3 tab. 30 c.
Nous Marions Papa, coméd-vaud. 1 act. 20 c.
La Foire aux Plaisirs, revue de 1854, en 3 actes et 5 tableaux.................... 30 c.

Imp. de madame de Lacombe, rue d'Enghien, 14.

www.ingramcontent.com/pod-product-compliance
Ingram Content Group UK Ltd.
Pitfield, Milton Keynes, MK11 3LW, UK
UKHW021032260726
13994UKWH00005B/2093